NUEVA CÓRDOBA

Epifanía de la Libertad

"La Vuelta de Los Liberales"

Cefer Andóm

"*...Lo único imposible es un contacto real con cualquier cosa. La repulsión entre nuestros electrones y cualquier supuesta realidad, revela nuestra voluntad esencial de isla (individuo). A la aceptación pertinente de esto, llámese lucidez...*"

_ *Javier Mércol* _

"*Yo me definiría como un inofensivo anarquista, es decir, un hombre que quiere un mínimo de gobierno y un máximo de individuo*"

_ *Jorge Luis Borges* _

"… lloran los pueblos los delirios de sus políticos…"

_ Virgilio _

1

"La idea del Ser Divino, cuya benevolencia y sabiduría ha concebido y conduce desde la Eternidad la maquinaria del Universo de modo que en todo tiempo produzca la mayor cantidad de felicidad, es ciertamente, de todos los objetos de contemplación, de lejos, el más sublime."

< Teoría de los Sentimientos Morales >
_ Adam Smith _

Juan Bautista Alberdi y Juan Domingo Perón desayunan con un vaso de vino tinto en un barcito de la Cañada en donde todos los días se juntan entre veinte y treinta tipos a jugar ajedrez y hablar de fútbol, de mujeres, y de física cuántica. Perón se ríe como un adolescente cuando Alberdi le dice, Mirá en el quilombo que nos metiste Pocho, flor de quilombazo,

Y que querés que le haga Flaco, contesta Perón, Vos sabés muy bien que más allá de alguna que otra culpa todo fue como tenía que ser. Por aquellos tiempos el entretejido psíquico de las masas generó la tara astral de mi existencia, mi devenir histórico, afirma Perón, Vos bien lo sabés Figarillo, ya te habías muerto pero estoy seguro de que te acordás de aquellos días pletóricos de ansias y demandas en ebullición que yo expresé, porque en el fondo el peronismo es eso Flaco, el grito desde las entrañas de un amasijo de carencias. Y todo fue como tenía que ser, insiste Perón mientras lo palmea a Alberdi en el hombro y le clava un fondo blanco al vaso de vino y pide otro más, Otro vino más mozo, otro más y viva perón carajo!

Pero antes que el mozo y el vino llega Domingo Faustino Sarmiento con rostro fiero que denota un enojo de años. Se lo ve cansado. Se acerca y le hace un gesto a Alberdi señalando a Perón. Y Alberdi se le arrima y le dice al oído algo así como que es más de lo mismo, Es lo de siempre Loco, el Pocho sigue con la suya de que su aparición histórica estuvo marcada por fuerzas más allá de él, que entonces no hay culpa que achacarle, que todo pasó porqué tenía que pasar, en fin, lo que vos ya sabés. Sarmiento lo escucha y suspira. Comprende que ha llegado el momento. Arrima una silla a la mesa y se arrellana frente a Perón, mirándolo a los ojos.

"...En este sentido ¿Qué exige la riqueza de parte de la Ley para producirse y crearse? Lo que Diógenes exigía de Alejandro; que no le haga sombra..."

_ Juan Bautista Alberdi _

2

"…Mi religión consiste en una humilde admiración del ilimitado espíritu superior que se revela en los más mínimos detalles que podemos percibir con nuestras mentes frágiles y endebles. Mi idea de Dios se forma de la profunda emoción que proviene de la convicción que se revela en el universo incomprensible…"

_ Albert Einstein _

Juan es un tipo raro. Relajado morador en su paz, profesa el sistemático vicio de tomar mate. Un buen día dejó su vida de sostén de familia, de profesional universitario, de muerto en vida, y se entregó a Nueva Córdoba. Podría decirse algo más de él, pero no hace falta. Lo cierto es que en este proceder de renuncias, Juan fue encontrándose, entre algunas otras cosas.

"...La soledad es peligrosa. Es adictiva. Una vez que te das cuenta de cuánta paz hay en ella, no quieres lidiar con la gente..."

_ Carl Gustav Jung _

3

"Yo estuve en contra del peronismo justamente porque era liberticida y de raíz fascista. Fíjese que Perón me persiguió porque yo era democrático, como se decía entonces. Jamás porque yo hubiera sido anti-obrero. Puso presas a mi madre y a mi hermana. No me pudo perdonar que cuando estaba en norteamérica y me preguntaron por Perón yo hubiese contestado: «No me interesan los millonarios». Ni que cuando me preguntaron por su mujer, yo hubiese respondido: «Tampoco me interesan las prostitutas»."

_ *Jorge Luis Borges* _

Viejo hijo de un camión de putas, cuánto daño nos hiciste, y la reputísima madre que te parió! le espeta Sarmiento a Perón.

Ah bueno, miralo vos al dinosaurio cara de orto, le responde Perón a Sarmiento, Lo único que faltaba ahora, que me vengas con sermones justamente vos, que mandabas a regar con sangre de indios las llanuras de las pampas, vos que nunca entendiste los motivos del gaucho, vos que te cansaste de tirar la plata del fisco en putas y festicholas, vos no tenés autoridad moral para culparme de nada Loco, así que por mi te podés ir bien a la reconcha de tu madre sabés, y viva perón carajo! exclama el general acalorado por los cinco vinos que lleva puestos y le tira a Sarmiento con un maní que le da justo en el entrecejo.

Me tiraba la plata en putas y lo seguiría haciendo, porque ese no fue el problema Pocho, le contesta muy serio Sarmiento a Perón, El problema fuiste vos, que malograste nuestro destino de grandeza y te erigiste en el tótem sagrado de la decadencia. Porque el poder te pudo Pocho. El culto a tu persona llenó lo vacío que estabas, y como dice Figarillo, tu ego jodido se infló con el amor venal de un pueblo ignorante al que compraste y condenaste con tu doctrina de muerte.

"... el peronismo es el partido del poder... su doctrina es el ejercicio del poder... y desde el poder construye más poder, al punto de poner en riesgo la república..."

_ Fernando Iglesias _

4

"Los derechos sociales son un mito, no existen. Un derecho social es un derecho a la plata de otro."

_ Axel Kaiser _

L a fábula. La idea o la ilusión de que «algo» se va a hacer cargo de tus problemas, de tus necesidades. Mendaces, hipócritas y oligofrénicos construyen poder al influjo de «la fábula». Los llaman progresistas, de izquierda, o socialdemócratas. Del otro lado, los que dicen que todo es un formidable disparate, una estafa a la inteligencia y la racionalidad, son de derecha, o fachos.

"Gregorio Alfonso Recassens fue un mercader de origen francés pero criollo por adopción, de exaltado ánimo en favor de la independencia y sombrío costado burgués. Íntimo colaborador de Berutti, estuvo a cargo de las primeras escarapelas. Peculiar es lo que se cuenta en el magazine «Costumbres y Viñetas» de principio de siglo. Según narra el cronista, en un menester casual, Gregorio Alfonso se encuentra con el negro Maturano; un espléndido ejemplar de la raza oscura, y también curioso personaje de la época, vendedor de velas y héroe. Según el relato histórico, Gregorio Alfonso lo llama con señas diciéndole «vení negrito, vení». Acariciándole la mota, acción que lo relajaba, le dice al moreno «tenés que usar escarapela negro, tomá, ponetelá. En cuanto te la saques te ligás treinta latigazos» Fue así que Gregorio Alfonso bautizó el espíritu de Maturano con la insignia patria. Se cuenta que el morocho la usó en la batalla de Las Gringas, ya como tamborillero segundo, donde pereció bajo los cañones realistas con la escarapela puesta. Por su

parte Gregorio Alfonso Recassens siguió repartiendo escarapelas forjando así la fibra patriota de nuestra querida nación. Muere en San Luis, de sífilis, en 1865."

< Tiro al blanco de postverdad contra socios de Fundación LiberAR>
(Deconstrucción Simbólica para una Nueva Hegemonía)
_ Los Que Viven del Estado Cementerio Club _

5

"La Libertad, no se escribe, no se decreta, no se exige al congreso o al gobierno. La libertad vive en uno, en el hombre, en el individuo, y es su conquista responsable y sacrificada."

_ Juan Bautista Alberdi _

Juan Bautista nos había dejado todo listo, le grita Sarmiento a Perón echando espuma por la boca, La mesa servida para una república próspera, pero te cagaste en todo, lo arruinaste todo. Y mirá que tuve mil diferencias con Figarillo, prosigue Sarmiento, pero cómo no reconocerle su finísima visión, su mirada de estadista como no hubo otro, porque de no haber sido por vos, viejo troglodita, hubiese cuajado nuestro potencial de grandeza, el destino por el que la generación del treinta y siete primero y la del ochenta después dieron la vida, dejando sentadas las bases de todo aquello que prosperó y aún perdura en lo lindo y lo noble de Nueva Córdoba, y al decir esto a Sarmiento se le llenan los ojos de lágrimas.

Pero no fue completo, y el legado se malogró porque vos, y algunos otros que no voy a mencionar, se cagaron en todo. Y para remediar eso estamos hoy aquí. Y aun aceptando que tal vez todo fue como debió ser, que fuiste la consecuencia de tensiones sociales e históricas determinantes, aun así, te voy a cagar a trompadas, sabés, le informa Sarmiento a Perón en tono de notificación notarial y dos o tres parroquianos que juegan ajedrez se dan vuelta y miran.

"Es propio de los tiranos, apoyarse en un sentimiento natural pero irreflexivo de los pueblos, para dominarlos..."

_ Domingo Faustino Sarmiento _

6

"… Miserables aquellos que vacilan cuando la tiranía se ceba en las entrañas de la patria…"

_ *Esteban Echeverría* _

Tranquilo Domingo, concilia Juan, que comiendo pororó se siente congraciado con estas escenas que Nueva Córdoba le regala. Dejalo, dejalo que se descargue, Juan, hace cuánto que me viene agitando, ya es hora de que se saque la bronca, si es que puede, porque seguro que es un cagón, como toda su puta casta de señoritos, le suelta con holgura Perón a Sarmiento mientras se toma el sexto vaso de vino de un solo saque. Y Juan que intercede, porque lo bello requiere siempre de todos los ingredientes, y en voz alta, para que todos los parroquianos puedan escuchar, recuerda la carta que le escribió Alberdi a Urquiza y a Mitre, cuando con revanchismo juzgaban a Rosas, ya en su exilio inglés, recalcando la parte de la misiva que dice: «*Él fue ya juzgado y castigado el 3 de febrero de 1852, en la batalla de Caseros. Porque cuando dos partidos salen al campo con espada en mano, se entiende que se someten al juicio del dios de los pueblos, que son las batallas*». Esa frase me estremece, comenta Juan, Me parece divina la idea de que las batallas son el juicio y dictamen del dios de los pueblos.

Interesante y muy oportuna la cita, le agradece Sarmiento a Juan plantándose frente a Perón y volcándole el vaso de vino recién servido en la cara y desafiándolo a pelear. Dale, parate como un hombre, viejo pederasta, Tranquilo Loco, no hace falta, interviene Alberdi, Sí, me parece que sí, que hace años que hace falta, acota Juan, Y me encantan las putas sabés, pero yo sólo me las cogía, no como vos que les diste cabida, agrega filoso Sarmiento. Y Perón que se pone de pie, pero borracho como está no le dura una trompada al Loco Domingo que lo atropella con una bronca descomunal que atraviesa la historia y tiene mucho de justicia y también algo de futuro, mientras Alberdi juega con un escarbadientes y recita las bases de la constitución del cincuenta y tres.

"…Siempre he sido antiperonista, pues Perón fue un canalla que corrompió a todo su país. Por mi parte, nunca conocí a un hombre inteligente y peronista…

Cuando luego de su exilio, él volvió al poder, sentí una tristeza inmensa: ese fue también el regreso de la vulgaridad y de la ignorancia..."

_ *Jorge Luis Borges* _

7

"… Gobernar es poblar…"
_ *Juan Bautista Alberdi* _

J uan vio antepasados italianos, pero que bien podrían ser irlandeses, o españoles, o sirio libaneses. Y vio el crisol de esa descendencia, y el sesgo psíquico de la mezcla de razas. Y vio decisiones que se tomaron por muy dolorosas que fueran, y sacrificios para un futuro mejor, y algún temor, y un ideal. Vio también tiempos difíciles que llevaron a ajustar el alma, y vio proyectos de vida y proyecciones insanas de padres insanos en hijos condenados por su linaje. Vio también traiciones y heroicidades, cobardía y esfuerzo, y también vio amor aun en aquello que parecía carecer de amor. Y vio Juan el equilibrio último de toda historia, y vio que ese equilibrio era justo, y además era puro, y era el *Individuo*.

Después Juan vio la ruptura del equilibrio en el *Estado,* o en *Robin Hood,* o en la *Justicia Social.* Y vio al *Individuo* sufrir el acecho del ladrón y el filo del ladino. Y vio la mentira. La farsa puesta en marcha en la abolición de la moral.

"...Nadie que confía en sí mismo, envidia la virtud del otro..."

_ *Marco Tulio Cicerón* _

8

"…La solución más natural de todas es morirse…"

_ José Manuel De la Sota _

El Presto insiste en su anhelo de componerle un tango a Nueva Córdoba, y Juan se cansa de decirle que con tanto regatón y cuarteto que anda por ahí se le va a hacer muy difícil. Pero obstinado como es, El Presto persiste en buscarle letra y melodía a Nueva Córdoba, porque más que nada es eso, un tango por escribirse. Y se le hace insoportable la urgencia, y no hay opciones, o es el tango o el mecanismo psicológico de su evasión. Y qué mejor escape que la liturgia de cervezas en las noches de reviente en las que El

Presto pierde una y otra vez el eje para caer sin remedio en el oscuro pozo de sus demonios, excesos que terminan siempre en la culpa, para después la resurrección, como si nada. Y otra vez la sensación ambigua y apremiante, esa cosa que parece estar ahí, tan al alcance de la mano que uno hasta juraría que se puede tocar, Y te juro que a veces me desespera tanto esa presencia, le dice El Presto a Juan despeinándose con la mano y dejándosela en la frente como si se tomara la fiebre o tratara de calmar sus pensamientos, Ya lo sé Gringo, ya lo sé, pero tenés que bajar un cambio, porque si no vas a reventar, le ruega Juan. Y como un niño arrebujado en el regazo de su madre, El Presto se calma por unos minutos o unos días hasta encenderse otra vez en los ojazos azules de su mirada de cínico y decirle a Juan que debe ser por ahí, Por ahí, Juan, tiene que ser por ahí, por ese sentimiento cálido de madre y república, dice modulando la voz y casi recitando, manipulador como pocos, brillando en su luz. Porqué todo es posible Juan, todo es posible si uno se lo propone, así que mirá si no voy a poder componer ese tango, Pero claro que sí Gringo, claro que lo vas a componer, le asegura Juan, Siento su música acá en mi pecho, le dice El Presto, Y la letra será en tu alma, le dice Juan.

"…No es q las minas busquen un golpeador, pero si el golpeador al menos tiene la pija bien puesta y se las mete sin miedo, para ellas es mil veces mejor que un boludo que le lee poemas sacados de internet…. las minas de ahora necesitan HOMBRES, pero como ya prácticamente no existen porque la sociedad quiere que seamos todos unos putos pajeros arrastrados y que le tengamos miedo a las minas, a ellas no les queda otra que el

*Kevin... y a nosotros el patético porno....
no papu... hay que volver al sistema
antiguo... si o si..."*

*< Chat en grupo de whatsapp del Centro
Cultural «Paseo de las Pulgas» >*

_ Los Que Viven del Estado Cementerio Club _

9

*"Resulta que venía
rechupadazo y se mete
en una verdulería de Alberdi
justo cuando Jaime
le saca la pija de la boca
a Evo Morales*

*Resucita Néstor
con los dos ojos bien"*

*<Primer premio del taller literario «Freud
en Alberdi»>*
*_Los que Viven del Estado Cementerio Club_*

Yo no sé en qué va a terminar todo esto, piensa Juan recostado en un bloque de piedra de Plaza España mientras observa un sector delimitado con cintas de seguridad en donde ocho o nueve obreros ejecutan una obra. Aparentemente, reflexiona Juan, porque todo es una apariencia, un montaje de simulación de trabajo. Tres miran al único que trabaja en la zanja paleando tierra mientras los restantes están absortos en sus celulares. Juan evoca el tiempo en que el trabajo era realmente trabajo y no una mera puesta en escena. Había algo así como una necesidad, un algo por hacer, y alguien que lo hacía y lo hacía muy bien para recibir su paga o su usufructo. El incentivo era claro, hacer las cosas bien para que te vaya bien. Pero en algún momento algo sucedió, y los valores forjados en la sabiduría profunda de la vida se dejaron de lado.

Hacer las cosas bien. Vigorosa idea en la que Juan se detiene, sopesando la magnitud de lo que encierra. Hacer las cosas bien, repite una y otra vez, y una resonancia profunda entibia su pecho, como si estuviera enamorado.

"… el bien hacer es el elevado arte por el que suspiran los dioses… En el sólo hecho de hacer bien algo, cualquier cosa que sea… está Dios…"

_ Juan _

10

"…Los sensibles sociales fundaron un buen día el Club de Los que Viven del Estado… y se hicieron hinchas fanáticos…"

_ *El Presto* _

E l ejército de *la pobreza* tiene por comandancia general a *la ideología colectivista de la igualdad material,* propiciada desde la *ingeniería social* del *estado benefactor.* Masacrados los sabios incentivos, prisioneros los impulsos creativos, desbaratadas las conexiones espontáneas de la iniciativa privada, la guerra está casi ganada.

"…No existe el «derecho a una casa», si no únicamente el derecho a trabajar en libertad para construir una casa, o comprarla…"

_ Ayn Rand _

11

"… Oid mortales el grito sagrado :
Libertad! Libertad! Libertad…!"

_ Himno Nacional Argentino _

Es de amores fáciles Juan. Suele enamorase locamente de un talento, o de una idea, o de unas piernas bonitas, y se pierde en ese amor. Vive enamorado y no quiere vivir de otra manera. Hacer algo bien es un acto de amor! les grita a los obreros que lo miran, Créanme, hay amor en el trabajo bien hecho! Y a ustedes les quitaron la posibilidad de conocer el amor de sus vidas!

Y se va como si nada, con una rubia que lo saluda emocionada, El tiempo que hacía que no te veía Juan, que es lo que andás haciendo por acá, alcancé a escuchar que gritabas algo, o a lo mejor cantabas, Le cantaba al cielo Caro, vos ya sabés, para pedirle que me muestre el camino o que algo bueno me pase, vos me entendés, No, no te entiendo Juan, pero me alegra tanto verte, hace mucho que no sabía nada de vos, te parece que tomemos unos mates, Si, dale, necesito unos amargos. Y se van tomados de la mano, Carolina y Juan, y los obreros siguen en lo suyo, Que le habrá pasado al gil éste, dice uno de los que miran al único que trabaja, que por un instante dejó de palear y pregunta, Qué pasó, La verdad que no sé, responde otro acariciándose el pecho cómo queriendo abrazar el sentido de lo que Juan les gritó, eso del amor de sus vidas y el trabajo bien hecho.

"...Los resentidos pobres prefieren no molestarse en llegar hasta la fuente lejana en búsqueda de la fortuna. Les resulta más cómodo estirar los brazos y arrebatar a su vecino el producto de su trabajo. Si, por ejemplo, recibiesen una chacra con riego, pero hace falta prepararla, trabajarla, sembrarla, cuidarla y después recoger los frutos, protestan: quieren la de al lado, la que está trabajada y ya está dando buenos frutos, porque además son haraganes de solemnidad..."

<Triunfo de la República, Fracaso de la Democracia >

_ Gaspar F. López Salvatierra _

12

"¿Queréis saber si este día va a llegar? Observad el dinero. El dinero es el barómetro de las virtudes de una sociedad. Cuando notéis que el comercio se efectúa, no por consentimiento de sus partes, sino por obligación; cuando veáis que, con el fin de producir, necesitáis permiso de quienes no producen nada; cuando observéis que el dinero afluye hacia quienes trafican no en géneros, sino en favores; cuando os deis cuenta de que muchos se hacen ricos por el soborno, por la presión, más que por el trabajo, y que las leyes no os protegen contra ellos, sino que, al contrario, son ellos los protegidos contra vosotros; cuando observéis cómo la corrupción es recompensada y la honradez se convierte en sacrificio, podéis asegurar, sin temor a equivocaros, que vuestra sociedad está condenada."

< La Rebelión de Atlas >
_ Ayn Rand _

Los trajines de Juan. Dejar hablar a un Zurdo sin interrumpirlo hasta detectar una de las dos notas del Zurdo. O el resentimiento, o la inutilidad. Porque de ahí no pasa. Binaria composición en todas sus variantes con las que se interpreta la melodía de la progresía. El subtono lo da el idiota, el carente de lucidez. Pero la base, la estructura de fondo, es un cantrapunto. Vago, resentido. Resentido, inútil. No hay más que eso.

"… La ventaja de ser inteligente es que se puede fingir ser imbécil, mientras que al revés es imposible…"

_ Woody Allen _

13

"…la libertad es aquella facultad que aumenta la utilidad de todas las demás facultades…"

_ Immanuel Kant _

La hegemonía progre se ha extendido como un cáncer en los tejidos del cuerpo social. Los anticuerpos no detectan la enfermedad y entonces son parte del mal. Es así que Juan, nublado pero estoico, se deja ir en intrincadas charlas adornadas con lo políticamente correcto, lo bellamente pueril, lo divinamente cool, la forma más forma de la cáscara, tan sólo para mirar de frente la enfermedad, detrás de la cual está la muerte, y más allá el vacío. El tema es que es muy del Zurdo apropiarse de los huecos. Mirá entonces si no se va a hacer cargo del vacío.

"...Se empieza con la idea de que «El Estado» debe dirigir todo, hacerse cargo de todo. Que es mejor que haya una corporación que dirija las cosas, y no que todo «quede abandonado al caos, o a las circunstancias individuales». Y así se llega al fascismo o al comunismo, claro..."

_ Jorge Luis Borges _

14

"El capitalismo es el mayor destructor de pobreza en la historia, y el socialismo su mayor creador, y ambos están en disputa."

_ Gary Kasparov _

P *obre de los nobles que forjaron la república y confiaron sus instituciones a un azar democrático»* suelta Juan después de un suspiro, y José Luis Espert lo anota con la birome a la que le masticó el capuchón mientras esperaba la devolución y se queda pensando, mirando el papel arrugado en el que garabatea un buen rato. «*¿Cómo es posible que una sociedad entera se consuma en la decadencia sin lograr detectar las causas de la misma?*»

retruca Espert, serio, disfrutando de aquel ida y vuelta de intuiciones, payada zen urbana a la que Juan lo induce, Que por ahí va la poesía, que parezca poesía, profe, lo anima, Y fíjate esto que me viene. *«La pereza, la mediocridad, la indulgencia, la inmensidad del territorio y la riqueza, suavizaron la decadencia, que nos acarició de a poco, tan de a poco que no nos dimos cuenta»* recita Juan subyugando la seriedad de Espert, que en el fondo es un niño juguetón. *«Más que de a poco yo diría que de a todo, política, sindicatos y prebendarios, la santísima trinidad»* afirma ahora desafiante José Luis, y se echa para atrás acomodándose la corbata.

"…Cuando una empresa privada falla, se cierra. Cuando una empresa estatal falla, se expande…"

_ *Franz Oppenheimer* _

15

"...Si pones comunistas a cargo del desierto del Sahara, en muy poco tiempo habrá escasez de arena..."

_ Winston Churchill _

E l Zurdo encontró el hueco, y de ese hueco no se quiere ir. Que al post-marxismo lo adoren en el altar de la estupidez de moda a Juan no le molesta ni le llama mucho la atención. Porque Foucault, Laclau y Gramsci suenan muy bien, y ya se sabe del poder de una sonoridad adecuada en el ideario romántico progre. Por eso los zurdos son buenos para la música y para el teatro, porque en un reboleo de rimas, piojos, y escenas, esgrimen como truco de magia la explicación sensata con que justifican la farsa. Pero a Juan todo esto lo aburre. La estética de Juan es lo mínimo, la síntesis, y debe incluir valores holísticos, porque en esa integridad inseparable vislumbra la belleza. Y ya no hay vuelta atrás, de la contemplación de la belleza no se vuelve, y sólo queda la vida expresándose perfecta, en un otoño, en un augurio, o en un dominó zen de frases intuitivas al que Juan y José Luis Espert se entregan en el barcito de la Estrada mientras toman café. Y Juan le asegura a Espert que *«Todo queda guardado en algún lugar, todo, siempre»* y José Luis, lírico como pocas veces, le contesta que *«En el cielo de las ideas, las verdades despiertan».*

"…Sabemos, por infinitos ejemplos y experiencias, que los hombres poseídos del poder, antes de separarse de él, harán

cualquier cosa, incluso lo peor y lo más oscuro, para mantenerlo, y casi ningún hombre en la tierra pudo dejarlo, siempre que le fuera posible llevar adelante todo a su propia manera... Esto parece seguro: «que el bien del mundo, o de su gente, no fue uno de sus motivos para continuar en el poder, o para renunciar a él...»"

< Manifiesto Libertario >
_ Murray Rothbard _

16

"5:30 am: Mauricio Macri conduce por barrio Alberdi, cerca de la cancha de Belgrano, escuchando por radio un programa grabado de Alejandro Dolina. De pronto su auto detiene la marcha. Entre confusión y apremio, Mauricio se baja y levanta el capot. Sin ver solución, va y viene como si en ese accionar ganara claridad, hasta que se percata que empiezan a rodearlo peruanos vigorosos que volvían del baile de la Mona. Macri se pone nervioso, cierra el esfínter apretando las piernas en un acto reflejo y le ruega al santísimo por su suerte. De una puerta cercana con luz y música se asoma un personaje con sombrero y camisa de corte italiano antiguo con pecho al viento. Es el Tío Cámpora. A todos les indica que está todo bien, que el muchachito ojos de cielo es su amigo. El mismo Cámpora une unos cables y arranca el auto y le indica a Macri por dónde irse. No termina de saludarlo que

sale el Braian de la casa y le grita: «Pastor, lo esperan adentro». Mauricio Macri sigue su marcha alejándose mientras el Tío Cámpora, de la mano de dos peruanas en tetas, ingresa al simposio. En la puerta un cartel reza: «Misa de la Pachamama Kristina»."

< Relatos de Simbología Hermética - Logia Los Fernández >
*_Los que Viven del Estado Cementerio Club_*

En Nueva Córdoba uno empieza a ver un poco más, con una claridad nueva, y se ven cosas que antes no se veían. Perón yace tirado en el piso con la cara estropeada, tragando sangre y algún diente. Por su lado pasa una jovencita, que por el modo de vestirse y de andar es la típica estudiante universitaria. Lo mira al viejo de reojo y le ve cara conocida, pero no logra caer en la cuenta de quién se trata, quién es aquel despojo humano que yace en el suelo. Y en eso está la piba, tratando de encontrar en su memoria el recuerdo desde donde le llega aquella familiaridad, cuando una brisa le desparrama el pelo lacio por su cara. Es un aviso del viento del sur, que en Nueva Córdoba suele soplar con imágenes y memorias que se inmiscuyen en situaciones y diálogos, balcones y bares, iglesias y asados, y hacen más clara esa nueva forma de ver, que es como una acuarela. Y en ese encanto, o magia, queda expuesto Perón en un légamo de sangre y moco, agobiado por un caótico azar de seres desdentados que gimen y chapotean en aguas servidas y estropicios de villa miseria y bailan cumbia y piden por la asistencia del Estado para brindar a fin de año con sidra y pan dulce. Y no es sólo la jovencita la testigo de aquel sórdido aquelarre, sino que mucha gente se aproxima a mirar, asomándose horrorizados, y de a poco algunos van viendo y entendiendo la magnitud de la tragedia.

"… Pocos descubrimientos son tan exasperantes como los que revelan la genealogía de las ideas…"

_ Lord Acton _

17

"... ió soi peronita de perón... poque perón me dió dinidá... me dió todo... me dió..."

< comentario de empleado público de la municipalidad de Córdoba en un asado en Villa Azalais >

*_Los que Viven del Estado Cementerio Club_*

L a piba lo mira a Perón y no se puede desenganchar de aquella visión. Descansa su deliciosa figura sobre una de sus ancas tensando con miel la curva de la espalda. Al parecer, disipado el horror y la sorpresa, algo la erotiza. Acerca a su boca el celular mordiendo la funda con excitación nerviosa. Le resulta tan familiar la cara del viejo que tiene la sensación casi sexual de conocerlo, memoria tal vez de otra vida en la que Perón tal vez fue su amante cuando ella era aún una niña, quien sabe, misterio del arcón de las reminiscencias que se escabullen del más allá. Lo cierto y bien de acá, es que a unos metros detrás, un Guacho, que luce gorra y visera, la mira. Le mira la cola y la ve lamer la funda del smartphone y, sigiloso, se acerca con las manos en los bolsillos como silbando pero sin silbar y mirando por lo bajo. Flaco, fibroso y de estatura media, luce un piercing en la nariz y en una de sus cejas y en la otra tiene marcado dos rayitas depiladas. Calza zapatillas de marca y jeans chupines, y a menos de metro y medio de la muchacha, le mira por última vez la cola con fijación, justo antes de meterle un zarpazo y robarle el celular y salir corriendo. Pero esta vez no tuvo la suerte que tuvo otras veces, y en la esquina tropieza con el carro de un cartonero y tres muchachos que fueron testigos del arrebato lo reducen. «*E la necesidá*», grita el Guacho con chillidos de rata mientras los jóvenes lo inmovilizan apretándolo con las rodillas contra el suelo. «*E la necesidá, gato, pará un poco, déjame ime de acá, e la necesidá, gato*», chilla el Guacho, mientras Juan observa.

"...El joven en «repulsas» es un ser en desarraigo, que piensa esperanzado a solas... en un reencuentro..."

_ Benjamín Solari Parravicini _

18

"La Muestra: En el altillo «El Gran Kronopio», cito en calle Belgrano al 666, de Güemes, se exhibe la ojota en donde reposó «la pata» del Pata Medina. La misma inició su viaje místico allá por los 90', década neoliberal y prórroga. Se sabe que en vuelo iniciático traspasó mundos astrales y limbos para terminar en algún burdel de la triple frontera, donde fue sublimemente iniciada. Desde entonces, impregnada con un olor a patas que evoca a rosas y a calas, reposa en penumbras en una vitrina ante la que adeptos al gremialismo viril tardío ofrendan estampitas, billetes de dos pesos, y cartas escritas con recuerdos akhásicos de noches de parrandas, comilonas, y paritarias. La muestra estará abierta al público hasta el domingo próximo y se recuerda que el valor de la entrada es un salamín a la grasa o su equivalente en chinchulines."

< Agenda Cultural >
_ Los que Viven del Estado Cementerio Club _

E l millenial defiende al Guacho, porque El Guacho es víctima del sistema, dice. En simposios y congresos el millennial academiza sobre los excluidos. El Guacho se entera a través de alguien, que también se enteró de alguien, que es víctima del sistema. En su mente cristaliza la idea de que su mal es culpa de otro. El Guacho entonces sale de caño y lo emboca al millennial, le roba el celular, lo golpea. El millennial se conflictúa, se deprime, y como acto de rebeldía al sistema, deshonra a su padre. El padre del millennial se estresa y enferma, no entiende el porqué de ciertas cosas y muere. Es el sistema perverso que mata. Son víctimas del sistema.

"...Hay dos cosas infinitas: el universo y la estupidez humana..."

_ Albert Einstein _

19

"… En 1897 una delegación de galeses y otra de irlandeses e ingleses habían arribado a Río Gallegos con la idea de colonizar la zona para beneficio del gobierno de aquel entonces. Lograr poblar el mismo sur del continente como luego gritaría Raúl Alfonsín a las masas. Pero el hobbie de Agustín Spaccesi estaba muy lejos de ser democrático, más bien se diría que era siniestro. Recuerdo esa mañana tomando unos mates, él con sombrero de conejo y limpiando su Winchester 78, me dijo después de la última chupada: «con éste bajé a ocho tobas esta temporada». Traté de digerir y comprender lo que había escuchado, pero ahí nomás siguió: «mañana temprano vamos por uno que vieron al oeste, parece que anda relojeando la zona, quizás buscando aguardiente, por aquí nunca se sabe». «Afilate el hacha, vos», me dijo con una voz parecida a la de Ricardo Iorio. Y así fue como partimos hacia las montañas,

siguiendo las pistas que suelen dejar los tobas. Pasamos un par de horas cabalgando a paso de hombre hasta que el propio Julio Argentino Roca, con su visión privilegiada, creyó haber visto al indígena moviéndose detrás de unas araucarias y me dijo: «les gusta cagar en los pinos, tomá, tirá vos». Sorprendido por la propuesta pero animoso por esta suerte de bautismo, cargué el rifle con munición. En la mira lo veía más claro, el sujeto estaba desaliñado por su salvaje vida. Cerré los ojos, apunté y tiré. El estruendo hizo volar algunas lechuzas pardas. Lo demás que le siguió quedó inmortalizado en el «Diario del Cazador de Tobas», revista sureña de tirada mensual. Yo por mi parte, desde entonces, luzco en mi suite una fresca alfombra de indio..."

< 1° premio categoría Cuentos Históricos >
– Concurso literario «Epopeyas Revisadas Pacho O`Donell» –

*_ Los que Viven del Estado Cementerio Club_*

E l Guacho, cavila Juan. Resopla y traga saliva. Lo tiene en frente a Perón, y mirándolo con pena, le dice, Ahí tenés a tus vástagos, Pocho, ahí los tenés, procreándose como conejos y llevándose puesta la democracia con su aritmética de masas. Nos llenaste de Guachos, Pocho, millones y millones al amparo de *La necesidá,* fetiche con el que justifican cualquier cosa. Y mirá que algunos se la vieron venir Pocho, avizoraron la magnitud de la amenaza en ciernes, pero no hubo forma de hacer nada, porque el engendro va mutando al resguardo de la corrección política que lo nutre, y así el vasto organismo de necesitados se desarrolla exigiendo y exigiendo y exigiendo más, y corriendo la línea aún más allá, para degenerar la condición humana hasta límites impensados.

Nos llenaste de Guachos Pocho, vagancia de manos en los bolsillos tomando *birra* y dándole al *faso,* para cuando pinta ocasión meter *lo gancho* o el *fierro* y correr, y si sale bien quemarla toda en más *birra* y *merca* hasta quedar duros, y si sale mal, como le salió a este Guacho que le arrebató el celular a la piba, entonces recurrir a eso que aprendieron que funciona de mil maravillas, el mantra justificador, «*E la necesidá*», Pocho, «*E la necesidá gato ortiva*».

"… Aclaración necesaria: «La Patria de los Necesitados», se extiende desde la culpa boba de cierta burguesía urbana, hasta la imbecilidad de la más puta corrección política,… y en Perón, Nueva Cordoba simboliza toda la clase política de izquierda, populista y demagógica… "

_ Juan, hablando solo, tomando mate _

20

"... Hay una gran diferencia entre tratar a los hombres con igualdad e intentar hacerlos iguales..."

_ Friedrich Hayek _

Sarmiento se hace presente en el tumulto y les pide a los muchachos que retuvieron al Guacho que lo suelten, y les agradece con una sonrisa que ningún busto jamás eternizó, pero que Nueva Córdoba revela con justicia revisionista. Lo agarra al Guacho de los pelos y lo levanta de un tremendo patadón en el trasero, y de la oreja lo lleva por lo menos cincuenta metros recitándole al oído la oración sanadora. Ponete a laburar pendejo, a laburar o a estudiar pibe, y dejá de boludear, porque si no vas a terminar mal, pelotudazo, haceme caso, y si me hacés caso a lo mejor alguna vez vas a entender que estas patadas en el orto que te doy son el acto de amor más grande que jamás hayas recibido en tu vida, haceme caso pibe, ponete a trabajar y a estudiar. Y lo último no es una patada sino una zamarreada amistosa en el peinado tipo indio siux del Guacho con que Sarmiento le hace volar la gorra de visera por los aires y enderezándole la espalda lo hace mirar al frente y lo deja ir, Ponete a estudiar pibe, a estudiar o trabajar, haceme caso, no seas boludo.

"¿Qué es la izquierda? Es al arte de reclamar privilegios a costa del fruto del trabajo ajeno y de la libertad de los demás en nombre de la igualdad y la necesidad..."

_ Agustín Laje _

21

"La arquitectura simbólica con la que trabaja la masonería pretende que cada masón haga de su vida una verdadera «Obra de Arte de Sabiduría, Fuerza y Belleza», y que contribuya a hacer del mundo un lugar donde sea posible «la Paz, el Amor y la Alegría»."

_ *Texto Masón* _

Juan sostiene que El Parásito encontró un hueco y por nada del mundo lo va a dejar. A expensas de ingenuidades y cobardías más allá de toda lógica, la sociedad permitió que *la verdad* fuera sistemáticamente avasallada por El Parásito, que ocupó el hueco. No lo vimos venir, o no quisimos verlo. Nos relajamos y lo dejamos entrar. Juan toma mate y masculla para sus adentros sobre la lasitud de carácter de ciertos momentos históricos. Faltó eso que está por detrás, el trabajo consciente de hombres y mujeres que en todas las épocas cimentaron la humanidad en los *valores perennes*.

A Juan muchas veces lo acusan de masón. Y Juan se ríe. Ojalá todos fuéramos un poco masones, suele decir cuando habla de la elevada república del *Cívico Interno*. Dibuja signos inentendibles y recita palabras extrañas. El *Alto Civismo* expresará su *logos* en Nueva Córdoba, y el *Homo Liber* nacerá. Que decís Juan, qué significa eso, qué es eso que nacerá y que vos llamás el *Homo Liber*, le pregunta Carolina, desconcertada, Es algo así como un millennial consciente de que su virtuoso hedonismo tuvo un precio, le contesta Juan a Caro, que sigue sin entender, Un millennial que sabe que está muy bien disfrutar de las posibilidades que el *capitalismo* ofrece, pero que también es consciente de la necesidad del compromiso con la defensa del *Individuo* y la *República*.

"…El Mandón es un ser despreciable y pequeño, que suele surgir de miserables planicies sin sol. Hubo Mandones, hay Mandones, y habrá Mandones. Al Mandón de hoy lo signa el dedo índice con el que señala la palabra falsa que subvierte valores. Es ley del Mandón que su insignificancia lo llene de resentimiento…"

_ Juan, amanecido _

22

"...El camino de la Libertad es hacia Uno Mismo, por donde se llega al Individuo Cielo, abajo el infierno es Colectivo..."

< Juan, en payada zen de café con Abdón, más herméticos y alberdianos que nunca >

El Parásito logró imponer que es justo que alguien pague por su inmoralidad. Impuso el desprecio por el esfuerzo, y esto es debilidad en el carácter de un tiempo. El Parasito encontró el resquicio y entró. El hueco es el *Estado*, modelado a la propia medida de su indecencia. Pontifica sobre la religión del *Estado Presente,* porque ése es su negocio. Sabe muy bien que su vida depende del *Leviatán* burocrático, ya que por sí mismo, El Parásito no tiene vida.

Pero la vida tiende a la vida y si la salud se impone el organismo recupera la vitalidad y las ganas de vivir hacen que nunca más nada le chupe la sangre ni lo fagocite, ya que en su memoria celular queda grabado el oprobio. «*Y ya nadie cobrará por sus vicios, ni por su inutilidad*». A dúo recitan Abdón y Juan mientras se despiden en un bar frente al museo Genaro Pérez, hasta la próxima juntada.

"... Son elementos utilizables por los dirigentes demagogos en sus beneficios, particularmente por los populistas y comunistas, quienes los halagan en sus

defectos. Son resentidos que dicen despreciar lo que en verdad anhelan poseer. Quieren poseer sin esfuerzos lo que a otros les costó muchos sacrificios y perseverancia...”

<*Triunfo de la República, Fracaso de la Democracia*>

_ Gaspar F. López Salvatierra _

23

"… El mito funciona de manera más que sencilla: se construye una antropología de ficción donde las condiciones de existencia son un reflejo de nuestros deseos de un mundo perfecto; se busca a continuación un chivo expiatorio que provocó «la caída», y se plantean los conductos a través de los cuales es factible volver hacia atrás, pero yendo presuntamente para adelante. De ahí que, paradójicamente, se digan «progresistas»…"

< de «El libro Negro de la Nueva Izquierda» >
_ Nicolás Marques / Agustín Laje _

Agustín Laje es ese enorme tipito increíble que Nueva Córdoba despertó muy temprano. Formado como nadie, maduró en la noble noción del *Individuo* a pesar de no tener más de treinta y pico de años. Cada tanto se encuentra con Juan en el bar de la placita enfrente del Patio Olmos para tomar unas birras, escondiéndose cómo pueden de la progresía, que además de violenta es muy de ir de shopping. La *Libertad* enraizada en la *Tradición*, le comenta Agustín a Juan, y se queda mirando la espuma de la cerveza, cavilando. Hace ya varias juntadas de birras que le andan dando vueltas a una idea. Según Agustín, la *farsa* del tiempo político actual no podrá sostenerse, y más temprano que tarde el fin de ciclo llegará como implosión social de la utilería barata del circo grotesco. Estamos en uno de esos pozos obscuros en los que las sociedades encallan de tiempo en tiempo, asegura Agustín, Vos podés estafar la historia repitiendo la tragedia como parodia, pero lo que no podés hacer, es ser tan hijo de puta y repetir la parodia como *farsa*.

Y así estamos, a merced de la patética clase política que marcha al frente de comparsas atiborradas de melifluos dependientes del Estado que bailan murga y hacen piquetes en calles y plazas travestidas en corsódromos de un carnaval de muerte, comenta Agustín con algún pesar y le pega un buen sorbo a la pinta de cerveza, para después de un instante de espuma en el bigote y mirada perdida, volver a la vida relojeando su entorno, como buscando algo. Juan hace lo mismo, visteando por debajo de la mesa. Es que nariguetean el rastro de una fragancia que les llega desde algún lugar. Agustín, que algo entiende de vinos, evoca un frutal terroso y dulzón. En Juan la reminiscencia es a flores y a tierra mojada. Hasta que ambos reconocen sin lugar a dudas el perfume de la *Tradición* en su matiz *Regeneración,* como es ley después de tan sofocante agobio de la *farsa*. Entonces el alma se les acomoda y piden más birra para brindar por la vida.

"*...Cada cierto tiempo el equilibrio social se rompe en favor de la mediocridad. El ambiente se torna refractario a todo afán de perfección, los ideales se debilitan y la dignidad se ausenta. Los hombres acomodaticios tienen su primavera florida. Los gobernantes no crean ese estado de cosas, sino que lo representan. El mediocre ignora el justo medio, nunca hace un juicio sobre sí mismo, desconoce la autocrítica, porque está condenado a permanecer en su módico refugio. El mediocre rechaza el diálogo, no se atreve a confrontar con el que piensa distinto. Es* *fundamentalmente inseguro y busca excusas que siempre se apoyan en la descalificación del otro. Carece de coraje para expresar o debatir sus ideas. Se comunica mediante la calumnia y el aplauso. Siempre hay mediocres, son perennes. Lo que varía es su prestigio y su influencia. La declinación de la "educación" y su confusión con "enseñanza" permiten una sociedad sin ideales y sin cultura, lo que facilita la existencia de políticos rapaces."*

< Del libro: «El Hombre Mediocre» >
_ José Ingenieros _

24

"...Persigo a un hombre al que quiero destruir. Murió hace siglos, pero hasta que la última traza del mismo haya desaparecido de la tierra no dispondremos de un mundo decente de vivir. ¿Qué hombre es ese? Robin Hood. El que se dedicó a robar a los ricos para dar a los pobres. Pues bien, yo soy el hombre que roba a los pobres y da a los ricos. Debe usted saber que nunca he robado un buque particular, ni me he apoderado de ninguna propiedad personal. Tampoco robé jamás un transporte militar, porque el propósito de una flota de tal género es proteger de la violencia a los ciudadanos que han pagado por ello, lo que considero función adecuada de un gobierno. Pero sí me he apoderado de los buques propiedad de saqueadores que se pusieron al alcance de mis cañones; de todo buque oficial de auxilio, de ayuda, de préstamo o de entrega; de todo el que llevara un cargamento de géneros tomados por la

fuerza en beneficio de quienes ni los han pagado ni los han merecido. Me apoderé de barcos que navegaban bajo la bandera de la idea contra la que lucho: la de que la NECESIDAD es un ídolo ansioso de sacrificios humanos; la de que la pobreza de algunos es la hoja de una guillotina pendiente sobre otros; la de que todos hemos de vivir con nuestro trabajo, nuestras esperanzas, nuestros planes y esfuerzos, a merced del momento en que la guillotina caiga sobre nosotros, y la de que el alcance de nuestra habilidad es el alcance del peligro que corremos, de modo que el éxito nos decapite, mientras el fracaso nos daría el derecho a tirar de la cuerda. Tal es el horror que Robin Hood inmortalizó como ideal de justicia. Se le recuerda no como un campeón de la propiedad, sino como un campeón de la NECESIDAD; no como un defensor de los robados, sino como el amparo de los pobres. Asumió un halo de virtud practicando la caridad con la riqueza ajena, ofreciendo bienes que él no había producido y haciendo pagar a otros el lujo de su misericordia. Es el hombre convertido en símbolo de la idea de que la NECESIDAD y no el logro, es la fuente de todo derecho; DE QUE NO HEMOS DE PRODUCIR, SINO SÓLO NECESITAR. De que no es lo ganado lo que nos pertenece, sino aquello que no ganamos. Se convirtió en justificación de los seres mediocres que, incapaces de ganarse la vida, exigen el poder de apoderarse de la propiedad de sus mejores, proclamando su voluntad de dedicar la vida a sus inferiores, al precio de robar a quienes están por encima de ellos. Es esta criatura, la más despreciable de todas, el doble parásito que vive de las llagas del pobre y de la sangre del rico..."

< La Rebelión de Atlas >
_ Ayn Rand _

Evita degusta una porción de pastel de chocolate que acompaña con té negro en un bar del Paseo del Buen Pastor. Estuvo viendo unas carteras exclusivas en un local de una marca internacional que se abre al patio de las aguas danzarinas y, jugando con su lengua en la fresa con crema, medita por cuál de las carteras decidirse. Se la ve relajada, escindida de toda preocupación y dispuesta a dejarse ir en disfrutes. En la insoportable levedad del *No-Ser*, divaga Juan evocando a Milan Kundera mientras la observa desde la sombra de la explanada de la Iglesia de los Capuchinos, La vida está en el afuera, y adentro, en el *No-Uno mismo*, la carencia. Esta falta, o cosa no completa, es causa de una inquietud existencial que dirime su rollo en el permanente ir hacia algo, buscando en las formas objetuales o simbólicas restablecer el equilibrio psíquico perdido. Y así, de ésta tan elemental observación de la condición humana, a Juan se le revela el origen del invariable surgimiento en la historia de los pueblos de los falsos ídolos, fetiches que en algunos casos adquieren ribetes absurdos. Es muy sencillo, por un lado una sociedad que ve en ciertos personajes la representación de anhelos muy profundos, y por el otro, un ego carente encuentra alivio en su exaltación megalómana. Y allí está la *Santa Evita*, sintiéndose tan pero tan bien consigo misma por estar del lado de los *necesitados*, la abanderada de los pobres que le dejó a su pueblo el legado más importante, la máxima que aún hoy los condena, «*Ahí donde hay una necesidad, nace un derecho*», dijo Eva alguna vez, la misma Eva que ahora termina el pastel de chocolate y se decide por la cartera Louis Vuitton con apliques en oro que exquisitamente le combina con el brazalete de diamantes.

Un poco más allá, en otra mesa del mismo bar, Jorge Luis Borges, ya ciego y con su habitual rictus desdeñoso, toma un café con leche y reflexiona sobre el olvido, que es, felizmente, el destino de toda existencia.

"...El mecanismo curioso que rige absolutamente todo en el ser humano, las relaciones, los negocios, las conquistas, lo que ha impulsado a los grandes sabios, a los líderes políticos, y aún a los más renombrados altruistas, se explica en la carencia inicial con la que venimos al mundo, que en una reducción muy simple, es una inquietud permanente que nos lleva al movimiento orientado hacia algo que nos de paz, y que tanto puede ser dios, como las drogas... da lo mismo..."

_ Lotte _

25

"La ineptocracia es el sistema de gobierno en el que los menos preparados para gobernar son elegidos por los menos preparados para producir, y los menos preparados para procurarse su sustento son regalados con bienes y servicios pagados con los impuestos confiscatorios sobre el trabajo y riqueza de los que producen, y que lentamente van extinguiéndose. Todo esto es promovido por políticos populistas y demagogos que predican teorías que saben que han fracasado allí donde se han aplicado, a personas que saben que son idiotas"

_ Jean d`Ormesson - «Filósofo y escritor francés» _

E *la necesidá*. El gran hallazgo de la mente psicopática y el espíritu pobre. Pasea Juan por Nueva Córdoba y garabatea servilletas en bares y cafés tratando de conciliar su caos y su cosmos. Escribir en prosa, muy propia de él, está en la esfera de su cosmos, así como están en la esfera de su silencio los signos que se le cuelan desde algún lugar y que él plasma en tinta como puede para finalmente concebir un texto. Acabado el rito de la mano suelta sobre cualquier papel que encuentre, un sosiego lo colma, como un regreso a casa. Con la poesía interpela su caos, que suele ser letal. De lo que escribe en versos por lo general Juan no logra reponerse, costándole lagunas de indiferencia llegar al ánimo de poder soportar la vida y tomarse una cerveza por ahí. Es en el lunfardo en donde se siente más cómodo, y con un dedo en la nariz hurgando un moco reflexiona taciturno sobre *La Necesidá*.

"Hay dos maneras de satisfacer las necesidades: trabajando o robando. El trabajo es la manera de la economía. El robo es la manera de la política."

_ Milton Friedman _

26

"Llamo liberal no al simpatizante de un partido político, sino simplemente a un hombre que concede valor a la libertad individual, y que es sensible a los peligros inherentes a todas las formas del poder y de la autoridad."

_ *Karl Popper* _

E l destino quiso para Agustín Laje que las batallas fueran intelectuales, gladiador en foros y claustros, verdugo de sofistas y restaurador de ideas, provocador de progres como ninguno. Y mirá que nos boludean los zurdos eh, de una manera tan descarada, inventando palabras, palabras raras, palabras rotas, deconstrucción binaria y la reputa madre que lo parió, maldice Juan y lo mira a Agustín después de un sorbo contundente de birra, Dignos de estudios psiquiátricos, contesta Laje, Ellos y nosotros también, Tenés razón, nosotros también, porque lo permitimos. Aparece entonces una piba por el lado de la Vélez Sarsfield luciendo flequillo rollinga y pañuelo verde, que según parece viene de algún evento cultural en el teatro San Martín. Al verlo a Agustín se brota y comienza a insultarlos de pie a cabeza. La situación adquiere ribetes de escándalo, a la piba parece no importarle nada, y en un momento hasta amagó con tirarles con una silla. Cómo poseída, les escupe todo tipo de improperios echando espuma por la boca en un brote demencial. Agustín la ignora terminando su pinta, acostumbrado a estas situaciones, y Juan, tranquilo como un vegetal, parece condensar en sí mismo toda la paz que fue alterada, y con absoluto dominio de la situación, se monta de repente a la mesita de chapa del bar y se pone a proferir palabras extrañas que al parecer tienen algo de exorcismo o conjuro. Las personas se arriman a escucharlo. Juan pregona sobre *la Libertad en la Tradición, la Ética y la Moral, los Valores que trascienden los siglos,* y en eso anda cuando la zurdita, ya repuesta del trance, se retira descolocada y algo asustada, porque lo habitual es que sea ella la que altere y transgreda las formas.

"Los lugares peores y más calientes del infierno están reservados para aquellos que en un período de crisis moral, mantienen su neutralidad y las formas..."
_ Dante Alighieri _

27

"… Todo el evangelio de Karl Marx puede resumirse en una sola frase: odia a quien este mejor que tú…."

_ Henry Hazlitt _

la necesidá, sentencian, y roban y matan y hacen cualquier cosa. *E la necesidá*, dicen, y contra esto no hay nada que decir. Nada que pueda hacerse. Llagas culposas sangran en un occidente enfermo. *E la necesidá*, y tienen lugar para todo. Porque hay dictámenes que son sagrados, y *E la necesidá* es uno de ellos. Y andá a saber de dónde vienen, o cómo es que se forjan, pero ahí están, reinando intocables en el inconsciente colectivo. Juan necesita elevarse, mirar el cielo. Se conmueve con el milagro de los que aún creen en el esfuerzo y el mérito. La verdad que es un milagro, piensa, en este tiempo de gratuidad de derechos revoleados a diestra y siniestra por la progresía empática, mercaderes de la miseria que jamás hicieron nada por nadie, pero que viven muy bien de los impuestos que paga la gente, ricos, clase media y pobres igualados en mantenerlos.

La doctrina del oprimido, Juan respira profundo, le falta el aire. Ni un paso atrás, conminan con el puño en alto los referentes del campo popular. *E la necesidá,* pontifican. Y quién se atreva a cuestionar la sentencia será arrojado a la pira de los paganos infieles que no creen en la religión del Estado. Pero Juan necesita saber, con imperiosa urgencia de su alma, qué es lo que le dicen cuando le dicen que *E la necesidá*. Entonces sale a caminar por Nueva Córdoba, con frío y sin paz.

"No se puede ayudar a los pobres destruyendo a los ricos. No puedes fortalecer al débil debilitando al fuerte. No se puede lograr la prosperidad desalentando el ahorro. No se puede ayudar al asalariado destruyendo al que lo contrata. No se puede promover la fraternidad del hombre incitando el odio de clases. No se puede formar el carácter y el valor mediante la eliminación de la iniciativa e independencia de las personas. No se puede ayudar a las personas de forma permanente haciendo por ellos lo que ellos pueden y deben hacer por sí mismos."

_ Abraham Lincoln _

28

"...La igualdad consiste en la reciprocidad de derechos y deberes en que nadie pueda substraerse a la acción de la ley que los formula, en que cada hombre participe del goce proporcional a su inteligencia y trabajo. Todo privilegio es un atentado a la igualdad..."

_ Esteban Echeverría _

Prende un cigarrillo Juan en la esquina de Cañada y Avenida Colón y observa a un limpiavidrios de unos cuarenta y pico de años, flaco, desalineado y con barba de diez días que luce una vieja camiseta de su querido *Taiere*, y piercing y tatuajes por todo el cuerpo. Se lo ve activo en la faena de lograr una moneda o billete limpiando parabrisas. Juan se pone a hablar con él y le pregunta cómo viene el día, y el limpiavidrios le responde que el día no viene para nada bien, «*Poque la gente é muy careta, y ni una moneda te dan, lo caretone ortiva, no se recatan ni ahí, nada, ni una moneda te dan*», y Juan le pregunta por su vida y el flaco entonces le cuenta que su vida no es fácil por las necesidades que sufre, y que tiene un hermano que se fue de joven de la casa de sus padres y ahora es doctor, «*E dotó*», le dice a Juan, «*Etá re bien mi hermano, pero e medio gil el chabón, no me quiere dá una mano*», Y qué mano necesitás, le pregunta Juan, «*Que me dé una mano, que no se haga el gil otario poque e dotó, que me dé una mano, yo paso necesidá y el no, poque é dotó el gil, alta chapa tiene*».

Dos seres con la misma genética y posibilidades. Diáspora del espíritu en la carne, le dice Carolina a Juan, con sus ojos azules en sombra, Carne de mi carne mi amor, le responde Juan y la mira, Te pusiste crudo Juan, Es que necesito hacerte el amor, princesa, es mi destino, Pero si es tu destino pareciera que no te quedara otra, y yo quiero que me elijas, Yo te elijo mi amor, cada día te elijo, así como el doctor eligió estudiar y ser un profesional, yo te elijo, y a su vez me entrego a mi destino que son tus ojos, así como el limpiavidrios se entrega a su suerte de mendigar monedas o algún billete.

"…Si la libertad significa algo, será, sobre todo, el derecho a decirle a la gente aquello que no quiere oír…"

_ George Orwell _

29

"...La primera cosa que necesita un genio, es respirar aire libre..."

_ Ludwig von Mises _

Entonces, desde la más dolorosa ignorancia, creen, permiten, y exigen, que «*El Estado*» se haga cargo de todo. Tan arraigada está la idea que se la profesa como una religión. Es ley de este tiempo que termina. Todo, el Estado.

"... Después de mucho pensarlo, he llegado a la conclusión que la depresión no es una enfermedad. Es una reacción inmunológica a la oscuridad que se intenta meter en tu cuerpo. Hablo de

energías oscuras, espíritus y demonios. Por ende la depresión es salud, es un aviso! El mundo entero, especialmente desde el año 2001, está infestado de una cultural tribal, villera y umbanda que se manifiesta en todo. Por ende lo preocupante no es la depresión, sino que no te des cuenta de lo que hay en el ambiente. Que te empieces a hacer tatuajes, a mutilar el cuerpo, a hablar mal al estilo lumpen villero. Los cabeza de termo no se dan cuenta que están tomados por esta cosa dañina, porque les hicieron creer que es su naturaleza. Pero los que crecimos con educación y sabemos que alguna vez existió algo como la civilización, las ciencias naturales, los museos, el amor, nos damos cuenta que no es un problema de depresión personal, sino que el ambiente está completamente podrido. A los ciudadanos de bien los hacen sentir culpables. Los joden tanto que se convierten a lo tribal o se hacen nazis. Pero es todo parte de esta energía densa y oscura que está en todo y se fomenta constantemente, alejándonos de dios. No hay depresión ni personas depresivas! Hay ciudadanos que son alérgicos a esto que está en el ambiente y manifiestan sus síntomas..."

<El Presto, ciclo de charlas "Tirándole la lengua al Presto">

_ Fundación LiberAR _

30

"...Una dictadura perfecta tendría la apariencia de una democracia, pero sería básicamente una prisión sin muros en la que los presos ni siquiera soñarían con escapar. Sería esencialmente un sistema de esclavitud en el que los esclavos amarían su servidumbre..."

_ Aldous Huxley _

Combatir la pobreza y sociabilizar la riqueza, dice el burócrata demagogo. Ingeniero social que iguala en la limosna y castiga la pulsión creativa del interés propio. Y vaya paradoja, los pobres se multiplican de a millones a medida que la planificación estatal crece y se devora todo. Es entonces cuando surge de las entrañas de la miseria la voz gutural de *La Necesidá*. Y así el ciclo de la trampa, subterfugio formidable y letal.

Juan es testigo de villas y piquetes, limpiavidrios y trapitos, famélicos desdentados y gordos tatuados y sudorosos en torno a ollas populares diciendo que tienen hambre. Son los hijos de *La Necesidá*, pidiendo y exigiendo y exigiendo aún más y más en los mil y un rostros de la trampa.

"... parte importante de los sectores intelectuales están anclados en una mentalidad tercermundista que los lleva a un constante victimismo «patriótico» que presenta a occidente y al capitalismo como el principal culpable de los males de los países pobres. Estos intelectuales, «los idiotas», abonan el terreno para el

populismo y el estancamiento en el subdesarrollo de los países latinoamericanos. «El idiota», no ve o no quiere ver que el problema es la estructura vampirizante del Estado, y cree poder alcanzar el bienestar repitiendo siempre el mismo proceso que acaba irremediablemente empobreciendo la sociedad..."

< *Extracto del prólogo de «Manual del Perfecto Idiota Latinoamericano»* >

_ *Mario Vargas Llosa* _

31

"Los Chakras: En uno de los viajes dimensionales de Laura Rodríguez Machado se la vio asomando las narices en los intersticios de la ciudad astral de Córdoba. Sus sueños, y por ende sus viajes, son reflejos psíquicos de sus tareas matutinas. Esta vez la vimos comprando cigarrillos en la esquina de San Luis y Cañada. Cuando el kioskero le indica el precio, Laura se percata que no suele traer monedas en sus paseos astrales, ante lo cual el quiosquero le retira el Marlboro de la mano. Así pasa sus noches, en lo imposible de sus viajes fenomenales, para despertar agotada e intentar abocarse a sus tareas cotidianas en el Congreso de la Nación, también imposibles, recreando un círculo banal muy similar al que dibujan las letras del libro del Tao que tiene en su mesita de luz, debajo de una tanga de encaje negro y al lado del lápiz labial..."

< «Política Vegana», Chancho Mestre,
2da edición, 1997 >

*_Los que Viven del Estado Cementerio Club_*

Ve cosas Juan que le generan náuseas mientras camina a tientas por Nueva Córdoba buscando algún barcito en donde tomar un té de hierbas, que le está haciendo falta. Por la Obispo Salguero y como puede, entra en un cafetín, y para su sorpresa en una mesa del fondo lo encuentra a Alberto Benegas Lynch tomando whisky, que lo invita a sentarse. Cómo andás Juan, Bien, pero sobrepasado por algunas cosas que veo, y vos como estás Alberto, Yo bien, la verdad que bien, y mirá lo que son las casualidades, recién justamente pensaba en vos y en la cantidad de veces que diserté y di charlas e incluso escribí sobre eso que hoy te abruma Juan, Y cómo sabés que estoy abrumado, y más aún, cómo sabés qué es lo que me abruma, Digamos que lo intuyo, pero además vos sabés muy bien que en Nueva Córdoba las respuestas simplemente llegan, y no hay que darle tantas vueltas al asunto, Sí, lo sé, Entonces tranquilo, relájate un poco que te pido un té. Mozo, un té de hierbas para mi amigo.

Escuchame bien Juan. El tema es así. Nos rigen las ideas. Esto hay que tenerlo muy en claro. Las ideas nos configuran, moldean la forma y finalmente eso somos. Y la idea hegemónica de éste tiempo, la que prevalece, es la que Carlitos Marx sembró con su doctrina de muerte. Es así como vagos, inútiles, y toda una runfla de nulidades humanas, encontraron en el marxismo y sus derivados ulteriores el bálsamo para el resentimiento herrumbroso que los carcome. Es la excusa perfecta para delegar en otros la responsabilidad de sus vidas. Fíjate vos que hasta el mismísimo Marx fue un vividor descarado, primero de su madre, y después de Engels, incapaz de mantenerse por las suyas, un sinvergüenza formidable. Y aún así, este malogrado señor, marcó la historia moderna con tal vez la más grande imbecilidad que jamás se haya escrito, termina Alberto Benegas Lynch. Nos gobiernan las ideas Juan, y lo que vos ves y te abruma son las consecuencias de esta idea perversa, que por fortuna ya se acaba.

"… Lo que ha hecho siempre del Estado un infierno en la tierra es precisamente que el hombre ha intentado hacer de él su paraíso…"

_ F. Holderlin _

32

"El gobernante que intentase dirigir a los particulares en cuanto a la forma de emplear sus capitales, no sólo echaría sobre sí el cuidado más innecesario, sino que se arrogaría una autoridad que no fuera prudente confiar ni siquiera a Consejo o Senado alguno; autoridad que en ningún lugar sería tan peligrosa como en las manos de un hombre con la locura y presunción bastantes para imaginarse capaz de ejercerla."

_ *Adam Smith* _

Virtud. Alinear la estructura de incentivos de modo tal que la energía fluya naturalmente hacia lo creativo. Mejor salirse del medio. Y todavía mejor. Nada. Pero aún es utopía.

"... Sin embargo, los místicos adoradores de la religión del Estado, han enmascarado de tal modo el proceso, que sólo los libertarios son capaces de llamar al cobro de impuestos como lo que realmente es: un robo legalizado y organizado en gran escala..."

_ Murray Rothbard _

33

"Comerciar por medio del dinero es el código de los hombres de buena voluntad. El dinero descansa en el axioma de que cada cual es propietario de su mente y de su esfuerzo. El dinero no permite a ningún poder humano prescribir el valor de un esfuerzo, excepto por elección voluntaria de quien siente deseos de ofrecer el suyo a cambio. El dinero permite obtener por el propio trabajo, aquello que quienes han de adquirirlo consideran apropiado; pero no más. El dinero no permite otros tratos que aquellos que se llevan a cabo en beneficio mutuo, dentro del recto juicio de ambas partes. El dinero exige el reconocimiento de que el hombre ha de trabajar..."

< *La Rebelión de Atlas* >
_ *Ayn Rand* _

Hubo un tiempo en que se esperaba lo mejor del trabajador, y el trabajador respondía, porque sabía que dando lo mejor de sí sería recompensado. Los incentivos estaban por el lado de hacer las cosas bien, era lo que redituaba. Hoy, en cambio, te pagan por no hacer nada, y hasta se lucra con el mal gusto y lo grotesco. La decadencia es realidad cuando lo que carece de algún valor es impuesto a la fuerza por ideologías enfermas. Y aparecen los síntomas. Y la cumbia villera le canta odas a la vagancia, *y a lo guacho y a lo pibe de la banda de lo fierro de la esquina.*

"… sean rebeldes… hagan lío…"

_ *Papa Francisco* _

34

"…En un país donde el único patrono es el Estado, la oposición significa la muerte por consunción lenta. El viejo principio, «el que no trabaje no comerá», ha sido reemplazado por uno nuevo: «el que no obedezca no comerá…»"

_ León Trotsky _

Ejercicio táctico del pedir. Se pide por los excluidos, por la clase pobre trabajadora que ya no da más, y por la gente que ya no llega a fin de mes y tiene hambre. Porque en los barrios hay hambre y ya no se aguanta, y como sociedad debería darnos vergüenza que haya gente que no tenga para llevar un plato de comida a la mesa, acusan, Porque el hambre duele, en la panza y en el alma, duele.

La extorsión permanente de la urgencia. Lo inmediato, lo ya, lo ahora. *La necesidad* apremiante con que invalidan cualquier atisbo de reflexión a largo plazo. Se impone la premura del caso, siempre. Hacen perpetuo el dispositivo que impide cualquier mirada lúcida, porque la claridad, la conciencia profunda, acabaría con el negocio.

"…Así, un régimen político en el que impere la fuerza, la amenaza de violencia, el sometimiento involuntario a una autoridad, la coacción, la negación del consentimiento, o la negación de la libertad, no puede ser considerado legítimo…"

< *Contrato Social (1690)* >
_ *John Locke* _

35

"Los argentinos hemos sido ociosos por derecho propio y holgazanes legalmente. Se nos alentó a consumir sin producir, nuestro pueblo no carece de alimentos sino de educación, y por eso tenemos pauperismo mental. En realidad nuestro pueblo argentino se muere de hambre de instrucción, de sed de saber, de pobreza de conocimientos prácticos y de ignorancia en el arte de hacer bien las cosas. Sobre todo se muere de pereza, es decir, de abundancia. Quieren pan sin trabajo, viven del maná del estado y eso los mantiene desnudos, ignorantes y esclavos de su propia condición. El origen de la riqueza son el trabajo y el capital, ¿qué duda cabe que la ociosidad es el manantial de la miseria? La ociosidad es el gran enemigo del pueblo en las provincias argentinas."

_ Juan Bautista Alberdi _

uerte al mérito! La viva voz de la progresía bien pensante, pero por sobre todas las cosas, muy bien vivida. Porque la verdad es que viven muy bien, tan pero tan bien, que los que viven del Estado jamás vuelven a la actividad privada, le dice Agustín Spaccesi a Juan mientras fuman y toman café en El Ruedo, un característico bar que se abre a la explanada peatonal detrás de la Catedral, lugar obligado de encuentro cuando Agustín necesita hablar con Juan de cosas que le pesan. Te lo dicen así, sin ningún pudor, jamás volverían a la actividad privada, sencillamente porque se cagarían de hambre, Yo ya no podría vivir con menos de tanta guita, te reconocen, y esa guita sólo la pueden cobrar en el Estado. Y así se licuan venalmente en el aceite que lubrica la mecánica del sistema. Muerte al mérito! declaman sin un tizne de rubor en sus rostros satisfechos por la vida exquisita que se dan. Muerte al mérito! arengan, porque si hay algo que los define es la cara de piedra que tienen.

"…Las masas nunca han estado sedientas de verdad. Dan la espalda a la evidencia que no les apetece, y prefieren divinizar el error si este los complace en sus vicios. Quien les provea de ilusiones será su amo. Quien intente destruir sus ilusiones para liberarlos será su víctima y jamás será perdonado…"

_ Gustave Le Bon _

36

"… La esencia del problema es que nos vendieron que aumentar el consumo es la solución. Si se aumenta el consumo, las empresas venderían más, ganarían más, aumentarían la inversión y demandarían empleo. No funcionó, hace ochenta años que no funciona. Deberíamos volver a las ideas de nuestros abuelos: La esencia del crecimiento es trabajar más, ahorrar más, consumir menos, invertir más, y pelarse las pestanas estudiando…"

_ Agustín Etchebarne _

Juan pasea por peatonal San Martin mientras come un pancho y observa a la gente en su rutina de mirar vidrieras y comprar todo lo que pueden comprar. De repente, comienza a sentir una tibia comezón debajo del ombligo, cosquillas que suelen darle cuando Nueva Córdoba tiene algo para hacerle ver. Mira en su entorno pero no hay nada raro. Es en su interior donde algo se mueve. Su ánimo, naturalmente alegre, se retira en un bajamar de profunda tristeza, y Juan se desfoga en un llanto cataléptico en el que pierde el control de su cuerpo en un frenesí de lágrimas, babas y mocos, y sin querer revolea por el aire el pancho y la coca que caen como una bendición sobre una morocha que pasa por ahí. La luchona, de carnes prominentes encorsetadas en calzas que piden la extremaunción, lo mira feo a Juan, y luego de acomodar como puede las bolsas de las compras que viene de hacer con la plata de los planes sociales, lo putea sin filtro, *Pero que te pasa che culiao, mirá lo que hacés la reconcha de tu madre, decí que tá la yuta que si no te cago a trompada gil otario*. Finalmente despeja con displicencia la salchicha de su escote de tetas enormes y se aleja rezando una letanía de insultos que Juan toma como la señal inequívoca de que Nueva Córdoba está por revelarle algo.

"… El pobrismo de nuestra cultura excede la cuestión económica. Todo aquel que goce de características relativamente superiores (riqueza, belleza, inteligencia, juventud) es un objetivo a atacar. Para evitarlo, quien tiene un valor debe relativizarlo en pos de la comunidad. La persona rica debe compartir y no ostentar, la persona bella debe rendir cuentas de que es bella también por dentro, la persona inteligente debe ser humilde y aceptar todas las opiniones por igual, y el joven debe sentir culpa porque la muerte le llega antes a los ancianos…"

_ Alejandro Bongiovanni _

37

"... Ser odiado por multitudes de ignorantes es el precio de no ser uno de ellos..."

_ *Olavo de Carvalho* _

Con los ojos restallantes de luz por la inspiración que lo guía, Juan ignora los insultos de la planera que se pierden en un eco lejano, y con la espontaneidad propia de cuando entrega su voluntad a Nueva Córdoba, dibuja con tiza una línea en el solado de la peatonal San Martín para exaltar el desafío que le brota con la fluidez de los profetas. ¡De este lado los que sufren la vil opresión! ¡Vamos! ¡De este lado! ¡Los explotados! ¡Los sometidos¡ ¡Los oprimidos! ¡Vamos! ¡Los que sientan que la vida ha sido injusta con ustedes! ¡De este lado de la línea! Y de éste otro lado, expresa ahora con voz serena, Los que se sientan bendecidos de vivir en este tiempo maravilloso de posibilidades y abundancia ¡Vamos! ¡De un lado de la línea o del otro! Y la gente toma partido, primero tímidamente, y después sin vergüenza. En pocos minutos la cuestión queda zanjada. Todos del lado de la línea que corresponde a los que creen que la vida ha sido injusta o cruel con ellos, esperando una recompensa y cuidándose de no revelar una sonrisa o gesto de satisfacción que los malogre como merecedores de compasión.

Juan se aleja mirando el cielo y agradeciéndole a Nueva Córdoba lo que ha visto, que si bien es triste, revela el tiempo del nuevo tiempo, que será cuando los individuos dejen de tener lástima de sí mismos y se decidan a forjar su destino.

"...Consideremos el típico punto de vista según el cual el responsable de un crimen no es el criminal, sino la sociedad. Tomemos, por ejemplo, el caso en el cual Smith roba o asesina a Jones. De acuerdo con la postura "tradicional", Smith es responsable por su acto. La Social-Democracia moderna en cambio sostiene que la responsable es la "sociedad". Esto suena a la vez sofisticado y humanitario. Pero entonces vemos que lo que en realidad están diciendo los socialdemócratas es que todos son responsables del crimen menos Smith, incluyendo, por supuesto, a Jones..."

< «La Sociedad y el Individuo» >
_ Murray Rothbard _

38

"En horas de la tarde, en el auditorio «La Patria es el Otro», finalizó el homenaje a Henry Miller, con la lectura de esta hermosa epístola de despedida titulada «La Yesica», que a continuación transcribimos: «Mi querida Yesi ¿Qué fue de tu tanga? ¿Qué de tu boca petarda? ¿Qué de tu ensalada enrulada en la zanja rosada? Todavía me duele, Yesi, me duele, todavía… y me tengo que ir pero te veo a la vuelta, Yesi, en la Vieja Usina, cuando toque el Ulises, Yesi, chau, tu Brian…»"

< Extraído de la revista mensual del Taller de Poesía «Olga Ruitort de la Gente» >

*_Los que Viven del Estado Cementerio Club_*

Otra vuelta de tuerca a la trampa. Te hicieron creer que el Estado es la solución, y por lo tanto pedís más Estado. Estado presente, Estado de bienestar, Estado en todo. Pero la verdad es que el Estado es el problema. El leviatán. La estructura coercitiva más grande y naturalizada. Date cuenta, abrí los ojos. El refugio es *el Individuo*. Y si te quieren hacer creer otra cosa, es porque te quieren en la trampa.

"... cuando los hombres construyen sobre falsos cimientos, cuanto más construyan, mayor será la ruina..."

_ *Thomas Hobbes* _

39

"…Un centennial androide desentierra una caja de material sintético. El scanner láser revela que en su interior hay un papel impreso en una matricial del siglo XX. Sin embargo también señala que la caja es del primer cuarto del siglo XXI, es decir, de los «Últimos Días». En el tiempo circular del filoperonismo, sucedió que un adepto a «Los que Viven del Estado Cementerio Club» imprimió capturas del muro de facebook del grupo e hizo anotaciones en ese papel. Días antes del «Gran Cataclismo» (que algunos llamaron «La Gran Crisis del Final de los Tiempos»), guardó todo ese material en un tupperware y se fue a gastar la guita de los planes sociales en putas. Varios años después del hallazgo, y ya en el «Nuevo Orden» impuesto por Kristina, los neurolingüistas descendientes de Ricardo Forster, deciden que esos escritos son la base ideológica óptima para fundar una religión que aspire a humanizar las deprimidas colmenas de planeros…"

< Texto de la Cámpora Hermética >
*_Los que Viven del Estado Cementerio Club_*

L a semilla populista encuentra tierra fértil en la supresión de la noción de responsabilidad. El político te dice que es injusto que seas pobre. Entonces la pobreza tiene sentido, porque el pobre encuentra su identidad en lo injusto del sistema. Sos la víctima. Ya no hay responsabilidad propia. El sistema te hizo lo que sos, es decir, ya no cargás con la cruz de hacerte cargo de tu vida. Pero resulta que hacerte cargo de tu vida es la condición inherente de la existencia. No hay sentido de ser si no hay responsabilidad, teclea Juan en su notebook mientras espera en una mesa de la parrilla de Cañada y Santa Rosa el variado de achuras con fritas que ordenó.

"... Cada uno de nosotros tendría que reformarse, y podríamos salvar a esa suma de individuos que llamamos «la Patria» y por ende, podríamos salvar al mundo, ya que el mundo está hecho de individuos...."

_ *Jorge Luis Borges* _

40

"…Sabemos que el socialismo no se trata de justicia, no se trata de igualdad, no se trata de elevar a los pobres. El socialismo es solo una cosa: poder para la clase gobernante y miseria para el pueblo…"

_ Donald Trump _

E l mozo se interesa en lo que Juan farfulla a media voz mientras teclea y espera el menú que ordenó, y parado a su lado, lo escucha. Al parecer, Juan busca en su voz la sintaxis propicia, pero se siente observado y se detiene. El mozo se disculpa y le hace saber que algunos conceptos que formuló le llamaron la atención. Juan lo aprueba y lo anima a seguir con un gesto, entonces el mozo le agradece la deferencia y se explaya, Mire mi amigo, sin ánimo de ofender, me gustaría saber si realmente usted cree que el pobre es pobre porque no se esfuerza, y si no le parece que más bien lo que sucede es que no hay posibilidades para el pobre en estos días, lo inquiere el mozo, La verdad que no, contesta Juan, No me parece, porque sinceramente creo que hoy en día abundan las posibilidades que en otras épocas no existían, y en todo caso lo que pasa es otra cosa, Y qué es lo que pasa entonces según usted, Pasa que la idea instalada es una idea errónea, Cómo es eso, cuál es esa idea errónea, La idea de que es un derecho irrefutable que alguien o algo deba hacerse cargo de las necesidades de otro, Yo no veo nada de malo en la solidaridad, en la igualdad, en el acceso de todos a los bienes mínimos e indispensables, Nadie ha dicho que esté mal ser solidario, lo que yo digo es que lo que impide el desarrollo y el bienestar es justo lo que usted entiende por solidaridad, que es en realidad un acto violento, el robo del fruto del esfuerzo para atender necesidades no ligadas a ese esfuerzo. Usted debe comprender, mi estimado mozo, que la miseria por la que usted se preocupa, es la consecuencia de la idea que usted defiende, y por ende, usted es cómplice de la decadencia.

"… Permítame ofrecerle mi definición de «justicia social»: yo me quedo con lo que gano y usted se queda con lo que usted gana. ¿No está de acuerdo? Bueno, entonces dígame ¿Cuánto de lo que yo gano le pertenece a usted y porqué…?"

_ Walter Williams _

41

"En tiempos de engaño universal, decir la verdad es un acto revolucionario."

_ *George Orwell* _

Prosigue Juan con el texto pero ahora sin pronunciar palabra. El mozo retoma su trajín de servir y atender otras mesas, dialogando aún en su mente con Juan, seguro de que la razón le asiste, y esto es evidente en el ceño fruncido que denota la certeza del poseedor de la verdad. Cárcel de los cerebros ideologizados el mito de que la pobreza se debe a la riqueza, escribe Juan.

El populismo no quiere individuos libres, porque en el individuo íntegro pierde su entidad ilusoria, densa atmósfera de pedos que te narcotiza con falaces derechos haciéndote esclavo. Y una vez en la cárcel, ya no verás, ni podrás darte cuenta de que tus supuestas conquistas no tienen más consistencia que la del flato que se disipa en el aire, y no te quedará otra más que llorar y quejarte y patalear, porque no sabrás hacer otra cosa. Y así tu esclavitud, teclea Juan.

"El libertario, que se opone a cualquier agresión privada o grupal contra los derechos de propiedad, ve que a lo largo de la historia, y en la actualidad, siempre hubo un agresor central, dominante y avasallador: el Estado."

< *Manifiesto Libertario* >
_ *Murray Rothbard* _

42

"...*Me di cuenta entonces de que toda la organización industrial del mundo, con su magnífica maquinaria, sus hornos de mil toneladas, sus cables transatlánticos, sus oficinas revestidas de caoba, sus mercados de valores, sus cegadoras luces eléctricas, su fuerza y su riqueza, todo, era gobernado no por banqueros y por juntas directoras, sino por un sujeto sin afeitar, desde cualquier cervecería instalada en un sótano; por cualquier cara contraída por la malicia, capaz de predicar que la virtud ha de ser castigada precisamente por ser virtud, que el propósito de la inteligencia es servir a los incompetentes y que el hombre no tiene derecho a exigir más que el favor de los demás...*"

< La Rebelión de Atlas >
_ Francisco D'Anconia _

Juan es rescatado por el aroma exquisito de la carne asada que le sirven con revuelto de papas fritas. Y en su natural tendencia a lo elevado, antes de prestarle dientes al manjar, se encomienda a Nueva Córdoba con una oración. Pide por la sagrada inspiración que a lo largo de todos los tiempos ha sostenido el occidente de lo bello y el alma del progreso. La plegaria, urdida en el gesto de mirar el cielo con los brazos extendidos, incomoda a los demás comensales, que miran para otro lado. Pero la gracia llega y, embriagado de los vahos ahumados del asado, Juan tiene una visión.

Atestigua la oscuridad que agobia a este tiempo, la sombra que apaga el brillo del hacedor del brillo en la formidable trampa, y la indiferencia con que se acepta el sacrificio de lo noble en el altar de la ignominia. La nobleza del bien hacer, la nobleza de los hacedores que sirven al prójimo con un bien por el que alguien paga gustoso. Como Juan, al que la parrillada le va a salir unos buenos pesos, pero que él abona con placer cada dos semanas para darse una panzada de la mejor carne del mundo acompañada de un buen vino. Después se dormirá una buena siesta y se levantará con unos mates a los que les agregará unas hojitas de boldo. Y la lucha ardorosa hasta la hora de la noche que haga falta para espolearle a la idea la palabra justa con que llegarle a la nobleza. La nobleza del hacedor, alquimia del plomo en oro del que expresa su don, concluirá Juan, justo antes de dormirse.

154

"¿Alguien sabe a qué hora empiezan los Carnavales de los Truenos Divinos en San Vicente o Altamira?... tengo un loop cósmico, pero está down... y lo quiero hacer lustrar con la concha de la diosa... y acá en casa no me queda más falopa... suspiro peronista... baba pejotista..."

< Oráculo Narcótico de Unidad Básica >
*_Los que Viven del Estado Cementerio Club_*

43

"… El socialismo es un cuento de hadas con cien millones de muertes…"

_ Antonio Escohotado _

La pretensión del Estado como ingeniero social, esa es la cuestión. Desde el ámbito que lo abordes, desde la óptica que lo mires, no deja de ser una formidable estupidez. La sociedad jamás será materia de ninguna ingeniería, sencillamente porque está hecha de individuos, con todo lo que tienen de complejo. Pretender diseñar o dirigir las relaciones humanas es simplemente imposible. Nunca jamás ninguna élite iluminada logró mejorar las condiciones de vida de una sociedad desde un gobierno central y colectivista. Muy por el contrario, estos regímenes sólo multiplicaron la miseria y la muerte. La cuestión es muy simple. La sociedad no es otra cosa que un conjunto de individuos, y como tal, es en la libertad en donde la más alta potencialidad de lo humano encuentra el aire propicio para expresar los deseos, anhelos y dones del ser, único e irrepetible.

"La única atmósfera en la que el sentido moral se desarrolla y renueva a diario, es en la libre decision del individuo. Es decir, en la libertad para ordenar nuestra propia conducta en aquella esfera en la que las circunstancias nos fuerzan a elegir..."

< Camino de Servidumbre >
_ Friedrich Hayek _

44

"…Con el culo ajeno cualquiera es puto…"

_ Javier Milei _

Nunca antes en la historia de la humanidad hubo un sistema económico y social que haya reducido tan abrumadoramente la pobreza como el capitalismo, escucha Juan, aún en la parrilla, que Milei dice en un programa de televisión. Que loco hermoso, comenta el mozo parado con la bandeja en la mano frente al monitor de tv sin perderse ni una palabra de lo que dice Milei, Un divino, asiente Juan, A veces anda por acá, viene seguido a almorzar, prosigue el mozo, Milei anda por todos lados, responde Juan con un ademán con el que parece abarcar el mundo entero, Y es impresionante como le llega a los jóvenes, y a los no tan jóvenes también, porque capaz dice lo que todos quisieran decir, aventura Juan, Cuando viene a la parrilla almuerza por esta zona, dice el mozo señalando un sector del fondo con poca luz, Porque parece ser que mucha luz le molesta, Ah, mirá vos, se sorprende Juan, Y pensar que él es pura luz, y cuando habla lo hace desde el corazón, y su palabra llega, como una topadora maniobrada por una paloma llega, y hace tambalear mentiras.

"…En tiempos de engaño, de mentiras, de hipocresía y corrección política, decir la verdad se convierte en un acto revolucionario…"

_ George Orwell _

45

"Sin excepciónes, todas las revoluciones anticapitalistas, desde Lenin y Hitler, hasta Chávez, terminaron siempre en hambruna y crimen a destajo..."

_ Antonio Escohotado _

gustín Etchebarne anda por ahí, y como en Nueva Córdoba todo es posible en la medida de que haga falta, se llega por el departamento de Juan para tomar unos mates. Ponele peperina, le pide Agustín a Juan, y se entregan a una charla que fluye por diversos temas que van desde idealismos abstractos hasta cierta materialidad filosófica que ellos llaman *«la cosa en sí kantiana pero que se pueda tocar»*. Y plantados en estos desafíos están cuando llegan al tópico Javier Milei. Pero aquí hay acuerdo total, porque ambos sostienen que en Javier lo que predomina es *el pathos*. Milei es *pathos* en estado puro, y su palabra vehemente es el *logos* operando en la gente que escucha a un tarado gritar y putear a los políticos y acusar al Estado de ser una mafia. Sucede entonces la química de la resonancia interna y los estallidos de furia de Javier en sus arranques demenciales activan las células en una ebullición de verdad, en una profunda noción de tuétano, en una mirada de loco a los ojos del hueso que te hace sentir sin ningún tipo de dudas que así son las cosas, y la reputa madre que lo parió, así son las cosas. Y la gente de bien, la que vive de acuerdo a su esfuerzo, hacen suyos los cascotazos que Milei le sacude a la casta política porque sufren en carne propia el acoso del *Leviatán*.

"... Me pasaron el dato. El bar se encontraba en Colonia Lola. No había casi gente y sólo lo iluminaba una luz fluorescente con dos moscas en espiral. En la barra, un viejo pelado limpiando un vaso chato moviendo un palillo entre los dientes pregunta «Que me voy a servir». Me siento, hago un silencio contenido, corro una tapa de coca cola y resuelvo. «Busco a La Gacela. ¿A quién? A La Gacela...» repito molesto. «Acá no hay ninguna Gacela», me responde el viejo. Me iluminé y recordé la tarjeta. La saqué de mi saco enclavada entre mi índice y mayor y se la mostré, el viejo traspiraba incredulidad y me dijo que espere. Quedé mirando las botellas, escuchando en un rincón un ebrio hablando y maldiciendo al presidente. De repente siento una silueta que me observa detrás de una cortina de hilos de madera y como traspasando un portal aparece Yamil Santoro... La Gacela. Me comenta que el paraguayo no está entrando pero que

tiene los transgénicos sabor bubalú. Regateo un poco y me llevo una bolsa. Antes de despedirnos me dio una caja con un rótulo que rezaba «para El Zurdo». La curiosidad me traicionó y abrí la caja. Alcancé a distinguir un falo enorme de goma, rodeado de pana..."

< Mención Especial «Concurso Literario Luis Juez / Cuento Corto» >

_ Los Que Viven del Estado Cementerio Club _

46

"… demasiado monstruoso para ser creído, pero real al fin. Me di cuenta del parasitismo de los impuestos, que crecen a merced de los políticos, como la hiedra, desangrándonos sin ampararse en derecho alguno. Las regulaciones gubernamentales nos lisiaban por la sencilla razón de que teníamos éxito…"

< Francisco D'Anconia >
_ La Rebelión de Atlas _

Fijate Juan, comenta Agustín Etchebarne con la boca llena y lamiéndose los dedos embadurnados con el azúcar impalpable de los buñuelos de crema y dulce de leche que Juan le convidó, Fijate, como el tamaño de este buñuelito debe ser la porción de cerebro que contiene el sistema límbico que controla las emociones e impulsos primitivos del hombre, como la pulsión sexual, la ira, o el miedo. Y así como esa molleja de células está localizada en el cerebro, así también debe haber una recóndita morada en nuestra totalidad donde reside la noción de libertad. Por ello, ningún proyecto gregario jamás funcionará, ningún colectivismo que iguala aniquilando las diferencias, la originalidad creativa, la particularidad del talento, podrá jamás funcionar, porque la esencia de lo humano es justamente ese diferencial en tensión que nos lleva siempre más allá.

"... Esa propensión de nuestros contemporáneos de acudir al Estado en cuanto tropiezan con algo que les desagrada, así como su humilde sometimiento a las prohibiciones administrativas, aunque estas les priven

de cosas que les agradan, demuestra cuán enraizado tenemos aún en nosotros el espíritu servil. Pero esto, por más cristalizado que esté en nosotros, no deja de ser sólo un hábito impuesto en siglos de historia, nada más. Entonces, en un hombre convive este hábito y su profunda noción de libertad, y de la lucha de esta contradicción, y de lo que triunfe en él y en otros hombres y mujeres, se darán los tiempos oscuros, o las épocas de luz..."

_ Ludwig von Mises _

47

"Una persona gasta dinero para sí misma. En estos casos se actúa con especial prudencia; uno se pregunta si realmente necesita esta corbata nueva o si puede arreglarse con las que ya tiene. Una persona gasta su dinero para los demás. Entonces actúa con mayor generosidad. Los regalos en las bodas de los amigos tienen que estar a la altura. Una persona da dinero a otra con la finalidad que lo gaste en ella misma. Entonces se desmoronan casi todas las barreras. Sólo se piensa en hacer gasto. ¡Esta botella la paga la empresa! ¡Camarero, apúntala a la cuenta de gastos de la empresa, por favor! Una persona da dinero a otras con el objeto que lo gasten en terceras personas. Entonces la cosa ya no tiene freno."

_ Milton Friedman _

Juan lo observa a Etchebarne. Intelectual de fuste incansable, peregrino de conferencias y charlas ante cuanta audiencia demande un refresco de libertad. Su forma conceptual es filosófica unas veces y metafísica en otras. Su dharma es, sin dudas, indagar el misterio de la existencia. De sus reflexiones, hay una que a Juan le llama la atención por lo obvia. Es la afirmación de que la vida es tiempo. Qué es en definitiva la vida más que tiempo, le pregunta Agustín a Juan, que se cuelga.

La vida es tiempo. Pero el amor hace eterno lo finito. Vivir en amor es vivir en plenitud y abundancia, es expresar la creatividad, es reunir las posibilidades en la esfera del ser. Y sólo hay un sistema que permite y estimula el potencial humano, El Capitalismo, colige Juan y le da una larga chupada al mate. Agustín asiente, y masticando otro buñuelo, agrega, El Capitalismo, sin lugar a dudas, el sistema afín a lo humano.

"La Farsalia enumera las verdaderas e imaginarias serpientes que los soldados de Catón afrontaron en los desiertos de África. Ahí están La Parca, «que enhiesta como báculo camina», y el Yáculo, «que viene por el aire como una flecha», y el magnífico Peruano Albino, «que lleva dos cabezas y una de ellas es ilegal». A esta última, casi con iguales palabras la describe Plinio, que agrega: «como si una cabeza no le bastara para descargar su veneno». El Tesoro de Brunetto Latini (la enciclopedia que éste recomendó a su antiguo discípulo en el séptimo círculo del Infierno) es menos sentencioso y más claro: «El Peruano Albino es un chango con dos cabezas, la una en su lugar y la

otra en la cola; y con las dos puede morder, afanar y seducir peruanas, y corre con ligereza, y sus ojos brillan como candelas». En el siglo XVII, Sir Thomas Browne observó que no hay peruano sin abajo, arriba, adelante, atrás, izquierda y derecha, y negó que pudiera existir un Peruano Albino, en el que ambas extremidades son anteriores. Peruano, en griego, quiere decir que viene de Perú. En las Antillas y en ciertas regiones de América, el nombre se aplica a un reptil que comúnmente se conoce por «Doble Andadora, por Poronga de dos Cabezas, y por Madre de las Hormigas». Se dice que las hormigas (o bolitas según la esmerada descripción antropológica que la Enciclopedia Juecista Argenta propone) le mantienen. También que, si lo cortan en dos pedazos, estos se juntan los viernes a chupar vino económico. Las virtudes medicinales de la saliva de Peruano Albino ya fueron celebradas por Plinio."

< de «El Libro De Los Seres Imaginarios»>
_ Los Que Viven del Estado Cementerio Club _

48

"… losotro… lo trabajadore…"

_ Hugo Moyano _

El Dipy entra al depto de Juan dando un portazo que retumba en el aire y esparce el azúcar impalpable de los buñuelos en un relente de sorpresa. Pero lo cierto es que tanto Juan como Agustín Etchebarne lo estaban esperando. Con una bolsa de criollos bajo el brazo, El Dipy se apoltrona en el sofá tarareando una cumbia y pide un mate. Hola Gutín, hola Juancho, como están, Bien loco, y vos, Yo bien, la verdad que muy bien, ustedes saben que estos temas a mí me apasionan, así que acá estamos, firme como bigote de laucha, no me la iba a perder, pero la verdad, me hubiese gustado que me inviten ustedes, y no tener que venir de pecho, Pero te estábamos esperando loco, confiesa Juan, Sabíamos que ibas a venir, a vos no hace falta invitarte, confirma Agustín, Sí, sí, ya sé, acepta El Dipy.

Escuchenmé bien los dos, se las hago corta. La vida es tiempo, es el tiempo que uno tiene para tener un sueño y para cumplirlo, afirma con seguridad El Dipy mirándolos a Juan y a Etchebarne alternadamente con sus ojos saltones, Tener un sueño y pelear por este sueño, con esfuerzo, con estudio, con trabajo, con sacrificio, porque es tu sueño papá, tuyo y de nadie más, y lo más importante de todo, los sueños no se venden nunca jamás a nadie, y menos a un político hijo de puta, porque los políticos no quieren que la gente tenga un sueño y pelee por él, ya que eso los pone en riesgo, se les acaba el curro, y entonces te dan un plan social y te hacen esclavo condenándote a la miseria, porque ese es su negocio, termina El Dipy con el aplauso emocionado de Agustín Etchebarne mientras Juan pone la pava para otra ronda de mates y sirve más buñuelos de crema y dulce de leche que El Dipy agradece, Loviu cats.

"...el peronismo siempre estuvo del lado de los pobres, de los necesitados. La justicia social es nuestra bandera. Por eso, desde el kirchnerismo creemos que el Estado debe estar presente, ahí, donde haya necesidades..."

_ Diego Brancatelli _

49

"...Para corromper a un individuo basta con enseñarle a llamar «derechos» a sus anhelos personales y «abusos» a los derechos de los demás..."

_ Gilbert Keith Chesterton _

L a sociedad cobarde le hace lugar a la estupidez. Y a río culposo ganancia de hijos de puta. Los que viven del Estado corren ansiosos a conferir derechos en donde la corrección política quema. Antes de que Juan pueda tan siquiera putear, se come una cachetada de revés que lo ubica en el rigor de que somos todos una construcción cultural, y que deconstruirnos para percibirnos como nos plazca es nuestro derecho. En el fragor de la confusión, los arquitectos ya no cobran por su estilo, ni los ingenieros por sus cálculos, ni los artistas por su arte. El trabajo es muy mal visto y las patologías psiquiátricas son financiadas. Toda energía es puesta en la deconstrucción, que es una nueva hegemonía, un minuto antes del final.

.

"…Los barrabravas de Taiere lo rodean. El Presto saca de su morral hippie un papel y lee: «Yo no sé de pájaros, no conozco la historia del fuego. Pero creo que mi soledad debería tener alas…». Se consuman el amor y el odio en un mismo torbellino cuyo centro es la escarapela de carne del Presto…"

< Extraído del Taller de Poesía «Los Senderos del Facho»>

_ Los que Viven del Estado Cementerio Club _

50

"…Bastaría recordarle al Idiota latinoamericano, con su manía dirigista, que existen cosas como terremotos, cataclismos, maremotos, aneurismas, accidentes aéreos y muchas otras formas ajenas al control humano capaces de producir cambios en una sociedad. Los fenómenos cósmicos, las convulsiones naturales, las tragedias personales y los mil disfraces que tiene la casualidad han engendrado a lo largo de milenios más cambios que todas las revoluciones juntas…"

< Manual del Perfecto Idiota Latinoamericano >

_ Plinio Apuleyo Mendoza, Carlos Alberto Montaner, Álvaro Vargas Llosa _

Es el negocio perfecto, le dice Rodolfo Distel a Juan mientras comen un lomito por la Irigoyen, a metros de Plaza España. Trabajar de *Sensible Social,* es el negocio perfecto sin lugar a dudas. La cosa es bastante simple, tenés que escuchar lamentos que por lo general son vicios, solidarizarte con supuestas inequidades que son en realidad la forma del mérito puesto en juego, y desparramar a diestra y siniestra favores y limosnas a los pobres poniendo cara de empático. Claro está, contarás para esta tarea con dinero y recursos como en la puta vida te imaginaste antes de ser un *Sensible Social.* Pero además de todo, recibirás el amor del pueblo, que clamará por tu nombre, tu bendito nombre, y desde un balcón los saludarás y les dirás que los abrazás en tu corazón, porque es el amor lo que te mueve a la épica de transformar la realidad en una sociedad más justa. Y bullirán las masas por ti, vívidas de pasión pidiéndote que les señales el camino. Y a nadie le importará si las cosas no cambian, no mejoran, y tampoco si empeoran, porque en el negocio perfecto ya nada importa.

Pero en la perfección está su muerte, cuando al final del camino, el que pide, sin más saber que el del pedir, muerde la mano del que lo hizo débil, dándole de comer en la boca.

"... Había una norma muy reveladora: los esclavos debían seguir siendo analfabetos. En el sur de antes de la guerra, los blancos que enseñaban a leer a un esclavo recibían un castigo severo. «Para tener contento a un esclavo _escribió Bailey más adelante_ es necesario que no piense. Es necesario oscurecer su visión moral y mental y, siempre que sea posible, aniquilar el poder de la razón». Este es el motivo por la que los negreros deben controlar lo que oyen, ven y piensan los esclavos. Esta es la razón por la que la lectura y el pensamiento crítico son peligrosos, ciertamente subversivos, en una sociedad injusta..."

_ Carl Sagan _

51

"...Hay en el corazón humano un gusto depravado por la igualdad que lleva a los débiles a querer rebajar a los fuertes a su nivel, y conduce a los hombres a preferir la igualdad en la servidumbre a la desigualdad en libertad..."

_ Alexis de Tocqueville _

El Zurdo en la universidad brilla, es muy cierto. En los ámbitos académicos y en los bares y cafés, El Zurdo se destaca. En el mundo de las ideas, expresa Juan con un ademán como queriendo acariciar el cielo, pero se detiene en seco. Después de un instante, continúa, En rigor de verdad, el mundo de las ideas no es una imagen que se lleve bien con El Zurdo, reconoce Juan. Más acertado es decir, aclara, Que en la realidad paralela imaginaria del Zurdo, que es la atmósfera hegemónica en universidades, academias, y centros de producción cultural, El Zurdo prevalece. Ahí, en su ambiente propicio, se eleva en vuelo nebuloso hacia alturas ficticias y en su psiquis va cristalizando su auto percepción de superioridad que le forja el rasgo de soberbia que lo distingue, declama Juan megáfono en mano al amparo de la sombra de la recova del Cabildo que se abre a la plaza San Martín, al lado de la Catedral, por donde pasaban Fausto Spotorno y Dieguito Zampini charlando sobre la complejidad de la comunicación política, y tras saludo y algún chiste, le hacen saber a Juan que coinciden con lo dicho.

"Donde hay mármol no hay enchufes…"
_ Rodolfo Distel _

52

"… El sabio puede cambiar de opinión. El necio, nunca…"

_ Immanuel Kant _

La palabra élite fascina al Zurdo, y cada vez que la escucha, un cosquilleo le eriza la piel y lo esbelta haciéndolo sentir más alto de lo que es, como si no cupiera en los límites de su cuerpo. El Zurdo se deleita con el sabor de vanguardia de todo lo que piensa, diga, o escriba, prosigue Juan, y Diego Giacomini y Silvia Malfesi que vuelven de entrenar muy duro para un triatlón y se arrimaron al gentío atraídos por el espíritu de ágora griego que rezuma la escena, aprueban con aplausos lo dicho y lo por decir. A saber, que la realidad imaginaria del Zurdo tiene su fuente y sostén en las estructuras culturales y educativas cooptadas en un persistente proceso que no ha sido casual. No importa tanto investigar cómo llegaron a tomar y enquistarse en estas estructuras, sino en darse cuenta cabalmente de que esto es así. El Zurdo tomó estos ámbitos y desde allí parasita gestionando su prédica. Y es natural que así sea, porque en la vida, la de todos los días, El Zurdo es un paria marginado a la más baja condición de ser, que es la de los resentidos neuróticos disociados entre la imagen de sí mismos y lo que son en realidad, expuestos por el espejo crudo de la calle.

Javier Milei, que se llegó también a la recova del Cabildo con sus cachorros, festeja las palabras de Juan agarrando a Conan de las orejas y hablándole como un loco, a lo que el mastín responde con lengüetazos de amor. Más allá, Santiago Pauli le pide un mate a Travaliberula, que está más hermosa que nunca.

"… Los hombres nacen desiguales, y es precisamente su desigualdad la que genera la cooperación social y la civilización…"

_ Ludwig Von Mises _

53

"… El Estado no debe enseñar, sino que debe permitir enseñar. Todos los monopolios son detestables, pero el peor de todos es el monopolio de la educación…"

_ Frédéric Bastiat _

Por eso están en contra del capitalismo, es nada más que por eso. Es porque el capitalismo no refrenda a los Zurdos, no los valida. Nadie da por ellos lo que ellos creen que valen, entonces se ofenden, se resienten. Pero El Zurdo va por más, obstinado en victimizarse, siempre va por más. Y no importa lo que le demuestres, no importa en qué razón intentes hacerlo entrar, no importa qué evidencia o dato crudo le expongas, no importa, El Zurdo siempre va por más. Y en ese ir por más se lleva puesto al inocente de pocas luces con cualquier estupidez. Que la tierra es plana y las vacas y las industrias calientan el mundo y que las gallinas sufren cuando ponen huevos y así no hay futuro posible.

Y por el sólo hecho de nacer tendrás derecho a todo, y está bien que reclames y te quejes, porque tenés derecho a todo, por el sólo hecho de existir, todo debe serte dado, pregona El Zurdo.

"… Estamos dispuestos a aceptar cualquier explicación de la presente crisis de nuestra civilización, excepto una: que el actual estado del mundo pueda

proceder de nuestro propio error, y que el intento de alcanzar algunos de nuestros más caros ideales haya, al parecer, producido resultados que difieren por completo de los esperados..."

< Camino de Servidumbre >
_ Friedrich Hayek _

54

"... Es difícil hacer que un hombre entienda algo cuando su salario depende de que no lo entienda..."

*_ Upton Sinclair_*

Hay un fenómeno nuevo, transversal, que tiene mucho de nihilismo, algo de digital, y también una buena dosis de cinismo. Es la pretensión de total ausencia de responsabilidad. Yo no tengo la culpa, la culpa siempre es de otro. Yo no soy responsable, yo soy la víctima, siempre. Es más fácil victimizarse que ser responsable, eso está claro, pero lo que es inconcebible es que se haya construido un valor positivo en la irresponsabilidad. Asombra la falta de introspección para encontrar en la anomia lo que en verdad es, un síntoma de enfermedad, de anomalía, asegura Ricardo López Murphy, que fue el último en llegarse a la recova del Cabildo, pero que también es el último en irse, cómo siempre, después de hablar con todos y saludar a todos, porque en el Bulldog la cortesía y la responsabilidad son rasgos de su integridad.

"… Desde el punto de vista filosófico, el «derecho» debe ser algo inherente a la naturaleza del hombre, algo que puede ser preservado y mantenido en cualquier época y lugar. El derecho a la propiedad de uno mismo, el derecho a defender la propia vida y la propiedad, son obviamente esa clase de derecho: puede aplicarse al hombre de Neandertal, en la moderna Calcuta o en los Estados

Unidos. Son independientes del tiempo y el espacio. Pero el «derecho al trabajo» o a «tres comidas diarias» o a «doce años de instrucción», no puede garantizarse de la misma manera. Supongamos que esas cosas no pudiesen existir, como ocurría en la prehistoria o sucede en la Calcuta moderna. Un «derecho» que sólo puede satisfacerse en las condiciones industriales contemporáneas, no es un derecho natural humano. Más aún, el derecho libertario a la propiedad de uno mismo no requiere que se coaccione a un grupo de personas para proveer ese «derecho» a otro grupo. Todo ser humano puede disfrutar de él sin ejercer coerción sobre nadie. Pero el «derecho» a la educación, al trabajo, a tres comidas diarias, etc., no es propio de la naturaleza humana, sino que, para ser cumplido, necesita de la existencia de un grupo de personas explotadas a las que se obliga a proveerlo..."

< *Manifiesto Libertario* >
_ *Murray Rothbard* _

55

"¿Cómo transcurre un día en la vida de Jorge Luis Borges?, le pregunta el movilero y Borges responde: «Bueno, por la mañana, si tengo suerte, vienen a verme proveedores de San Vicente o Alta Córdoba. Pero generalmente mis días no son tan favorables, luego duermo la siesta y escribo algo…»"

< La Mañana de Córdoba, Canal 10, SRT >
*_Los que Viven del Estado Cementerio Club_*

Es ley, cuando un político te dice lo que querés escuchar, te está cagando. Se llama demagogia. Si querés llegar a un lugar mejor del que estás, escucha al que te dice que tenés que esforzarte.

"*... Antes la gente hacía planes para tener un hijo, hoy la gente hace hijos para tener un plan...*"

_ Manuel Adorni _

56

"La riqueza de los ricos no es la causa de la pobreza de nadie. El proceso que hace ricas algunas personas es, por el contrario, el corolario del proceso que mejora la satisfacción de muchas personas."

_ Ludwig von Mises _

En la cola del rapipago, Juan escucha a una jovencita de lentes, bonita mujer que un apunte en su regazo revela estudiante de letras, que le dice a su novio que, El problema real, de fondo, es el de cómo lograr una más justa redistribución de la riqueza, cómo lograr revertir la concentración en unos pocos, cómo hacerle frente al capitalismo salvaje que somete a los más indefensos. Juan paga su boleta de luz y se va con paso apurado, casi trotando para el departamento de Lucas. Es que aún no ha desayunado y necesita tomar unos mates. Entra a una panadería a comprar unos criollos y lo recibe como una daga en el pecho la sentencia de una de las empleadas que le dice a un cliente que, El problema es que tan pocos tienen tanto, y que tantos, por no decir la gran mayoría, tienen tan poco. Tan pero tan poco, suspira la panadera, Que injusta que es la vida, Te parece, le pregunta Juan, Y sí, a vos no te parece, retruca la panadera, La verdad que a mí me parece que tengo lo que me he ganado, que es bien poco porque poco me interesa, Ah sí, mira vos, y que es lo que te interesa, si se puede saber, Me interesan mucho los mates, me paso el día tomando mate, Bueno, en eso coincidimos, pero no sé si hablás en serio o en joda, Hablo muy en serio.

"No existe nadie más inferior que aquellos que insisten en que todos somos iguales..."

_ Friedrich Nietzsche _

57

"… La clase política no es la que hace el esfuerzo, la clase política dicta normas y gobierna del modo que le parece que es el más adecuado…"

_ Carlos Alberto Caserio, Senador Nacional, Frente de Todos _

El Estado le saca al rico porque al parecer el rico es rico sin merecerlo, le comenta Juan a Lucas, ya en su departamento, mientras toman unos mates. Mirá vos que cosa, no me digas, Sí, si te digo Lucas, parece que la cosa es así. Y el trabajo del político consiste en sacarle al que produce riqueza para redistribuirla entre los que menos tienen, que son los que no producen nada, pero que también son los que entretejen el entramado con que la burocracia del Estado construye su estructura clientelar, afirma Juan y abre los ojos en una mirada de psicópata que es parte de su catarsis de muecas y aspavientos nerviosos a los que recurre cada tanto cuando ya no da más. Lucas le ceba otro amargo, calmándolo un poco, y mientras mastica un criollo lo mira por sobre los anteojos y le dice con aire casual, Es decir que el político, que debería ser un servidor público, es en realidad alguien que se sirve de lo público, Así es Lucas, asiente Juan babeando por la incontinencia gestual, Son la casta de tipos que se dedican a decidir cómo y cuánto hay que sacarle con impuestos a la gente de trabajo para repartir entre los dependientes del aparato que ellos mismos crearon para forjar su poder, su territorio, su descaro, Un espanto Juan, Un verdadero asco

Lucas, cebame otro mate y aguántame un toque que voy al baño a vomitar.

"...Si los cerdos pudieran votar, sin dudas el hombre con el balde de comida siempre sería elegido, no importa cuántos cerdos haya sacrificado ya en el recinto de al lado..."

_ Olson Scott Card _

58

"…Caminando por los senderos del Parque Sarmiento le toqué la cola a una planta con la flor entreabierta, (floreció el amor, putita), le susurré… se la dejé como una flor…"

< Del ciclo "Poemario Bucólico" – Secretaría de Cultura del SUOEM >
*_Los que Viven del Estado Cementerio Club_*

Ellos mismos se fijan el precio, que no es sólo sus dietas, sino mucho más. Porque en el arduo trabajo de decidir cuánto sacarle a unos para darle a otros, montan enormes estructuras kafkianas que tienen la fachada en instituciones solemnes y el patio trasero en quiosquitos que ellos mismos atienden y de donde también curran, le dice Juan a Lucas que escucha con el rostro brotado. Me indigna tanto Juan esto que decís que no lo puedo manejar, A mí me pasa igual Lucas, y lo peor de todo es que la gente no lo vé, la gente aún no puede ver semejante estafa de la política. Dejame que te cuente algo, prosigue Juan, Los he observado mucho, me paso días enteros observándolos, y si hay algo que los distingue a todos, pero a todos los políticos, es que tienen un enorme culo cuadrado de tanto estar sentados en sus poltronas, son barrigones y tienen mal aliento, porque están enfermos Lucas, aun viviendo como viven, una vida muy cómoda, están enfermos, tienen el espíritu débil y el alma oscura, y a pesar de lo voluminoso de sus abdómenes, son seres pequeños. Y la verdad que en algún lugar los compadezco Lucas, me dan lástima, porque a cuenta de ellos es el karma de haber instaurado la ley de la pobreza, la cultura del pobrismo que ha generado millones y millones de miserables.

"...Seguimos pagando impuestos para alimentar mendigos que votan populismo para asegurarse la limosna... Nos triplican en tasa de natalidad... Están exterminándonos por vía uterina..."

_ Ricardo Nardo, en twitter _

59

"… Para que pasen a planta permanente los ciento veinte contratos y podamos meter doscientos contratos más, tiene que ganar ramoncito en esta seccional a como dé lugar… así que ya saben, si quieren entrar en la muni hay que romperse el culo, y el operativo para mover a los nuestros, la fiscalización, y el voto cadena, tienen que funcionar de mil maravillas…"

< Puntero político de la UCR, circuito 3,
Córdoba capital >

*_Los que Viven del Estado Cementerio Club_*

Redistribuir aquello que fue voluntariamente asignado en el noble juego del interés propio, es injusto, le dice Juan a Lucas, ya más sereno. La redistribución de la riqueza no es otra cosa que violencia, interferencia nociva, el robo a mayor escala y con mejor prensa, el latrocinio naturalizado al amparo de leyes y la suma del poder público con que el saqueador se apropia de lo que nunca jamás podría crear, afirma Juan después de darle la última chupada al mate, porque al parecer, la catarsis funcionó y poner las cosas en palabras es un real alivio.

"... En una sociedad moral, ellos son los criminales, y tenéis que protegeros contra sus actividades. Pero cuando una sociedad establece la existencia de criminales por derecho y de saqueadores legales, es decir, de hombres que utilizan la fuerza para apoderarse de la riqueza de víctimas desarmadas, el dinero se convierte en vengador de quien lo creó. Tales maleantes creen seguro robar a seres indefensos en cuanto han aprobado

una ley que los desarme. Pero su botín se convierte en imán para otros como ellos, que se lo arrebatarán a su vez, y así continúa la carrera, venciendo, no el más diestro en la producción, sino quienes emplean mayor brutalidad y rudeza. Cuando la fuerza se convierte en estandarte, el criminal vence sobre el ratero, pero entonces la sociedad desaparece entre un cúmulo de ruinas y de crímenes..."

< La Rebelión de Atlas >
_ Ayn Rand _

60

"…Podría decirse que es una garrapata desmesurada. Gorda, flácida, monstruosa. Y tiene ojos humanos…"

<Comentario entre socios de Fundación LiberAR>

Los ritos de Juan, sus ceremonias. Las formas de sus manías, su soledad. Cuando dejó de importarle el juicio de los demás haciendo trizas el espejo de su imagen, despertó en él un sentido de responsabilidad muy extraño y profundo, mucho más allá de su ombligo. Honesto brutal, la soledad es lo que Juan más disfruta. También disfruta emborracharse como una cuba y seducir a cuanta mujer hermosa se le cruza. Pero mirarse en los ojos de Carolina y abrazarla en su almohada por las noches es su destino. Todos somos uno mi amor, No existen dos iguales Juan, Todos los amores son el amor Caro, Pero yo te amo a vos Juan, no a otro, En vos me miro Caro, y es mi bendición, Tu suerte es tu forma de andar Juan, que es como una canción incómoda, por eso te ando espiando y no puedo dejar de hacerlo, es como un hechizo que no entiendo, pero la verdad es que no me importa Juan, porque te creo, Yo creo en tu corazón Caro, y en bailar con vos.

"...Si la mayoría de nosotros permanecemos ignorantes de nosotros mismos, es porque el autoconocimiento es dolorosos y preferimos los placeres de la ilusión..."

*_ Adolf Huxley_*

61

"… Cuando me encuentro con una criatura, encuentro la voluntad de poder…"

_ *Friedrich Nietzsche* _

Borrachera de Juan con Javier Milei y Agustín Spaccessi. Divagues con algún sentido esquivo que los abarca. Es increíble cómo la sociedad occidental no se decide a sentirse orgullosa de su destino de victoria, de civilización triunfante, expone Agustín contundente, Y gritarlo a los cuatro vientos y sin complejos, interviene Juan en voz alta, Y que se vaya bien a la reputa madre que lo parió la corrección política culposa, remata Milei desaforado y a los gritos. Brindan felices, con la birra en alto, parecen niños o locos, y lo mejor de todo es que nada les importa, piensa Carolina mientras los mira desde su balcón, justo en frente del pub en el que están tomando cerveza. De todos los dioses sólo es dionisio el que coge por derecho propio, exclama Juan brindando por la memoria de Nietzsche en la noche fresca, Y por lo fuerte y lo elevado, repiten al unísono y abrazados, Y por el mérito, piden a las estrellas. Y si voy a escucharte, o a darte algo, o a ser solidario con vos, será bajo la ley de mis victorias, porque jamás seré esclavo de tus falsos derechos, de tu sociedad enferma. Toman birra y brindan. Los ritos de Juan, sus ceremonias. Y Carolina los espía, durante el amor.

"…No te vayas mi amor, no te vayas…
porque si te vas ya no tengo remedio…"

_ *Juan* _

62

"Y caen en la trampa de creer que el Estado es necesario para proteger a los indefensos, a los pobres y desvalidos, sin entender que las supuestas medidas de protección sistemáticamente tienen el efecto, como lo demuestra la teoría económica, de perjudicar a aquellos a los que se dice proteger...."

_ *Jesús Huerta de Soto* _

Si habrá recibido golpizas cuando ebrio en algún bar sobre la Rondeau se pone a explicar su parecer sobre la *justicia social*. Para ser justos y ecuánimes, hay que analizar la cuestión en la esfera adecuada, que es la cósmica, propone Juan con satisfacción por la exigencia de cosmos que acaba de enunciar. La *justicia social* es una farsa, una maquinación de tipos jodidos, prosigue entre humo de tabaco y gestos de sorpresa, Pero porqué decís eso Juan, que tiene de malo intentar vivir en una sociedad más justa, una sociedad en donde el Estado vele por los derechos de los más *necesitados*, interviene alguien, El Estado lo único que debería hacer es correrse del medio y dejar que la sociedad exprese la complejidad de los individuos que la componen. Y aquí mi pretensión de cosmos, suelta Juan y se pone serio, Alguien conoce una ley, tan sólo una de las leyes que rigen el universo, que contemple que algo deba hacerse cargo de otro algo por el sólo hecho de que este algo «lo necesite», pregunta Juan remarcando con los dedos las comillas para luego hacer silencio dejando que el desafío gane espacio. La respuesta es no. Y con el aval del cosmos, yo digo entonces, que una sociedad justa es la que acepta las diferencias, potencia los matices, y genera posibilidades, Pero hay gente que nace condenada a no tener posibilidad de acceder a lo mínimo Juan, Esa es una falacia mi amigo, Pero es lo que se ve Juan, Lo que se ve es el predominio absoluto de tu idea rara, idea que es la causante de esta sociedad enferma. Y sólo cuando se disipe esta idea dañina, la regeneración llegará, Yo no creo Juan, Yo sí creo amigo, y por esa salud quiero brindar.

"… Justicia social es lo contrario de la libertad. La justicia social es sacarle al que produce para darle al que no produjo nada. Antes se llamaba robar. Hayek decía que el adjetivo "social" es una palabra comadreja, porque se come el contenido del sustantivo que acompaña ("Justicia"), lo vacía y deja la cáscara.

Reemplaza su contenido "justicia" por "robo", pero mantiene el "continente" para hacerlo digerible a mentes distraídas..."

_ Agustín Etchebarne _

63

"…Los pobres son la excusa para la existencia de la clase política. Sin pobres los políticos no podrían quitarle su dinero a los ricos con la excusa que es para dárselo luego a los pobres…"

_ Mayo Von Höltz _

El término *justicia social* fue diseñado por unos tipos jodidos que se juntaron en algo que se llamó la *Escuela de Frankfort*, o algo así, donde confluyeron el psicoanálisis y la neurociencia entre otras disciplinas, con el objeto de analizar la sociedad desde la óptica del postmarxismo. Allí, estos tipos jodidos, juntaron los términos *justicia* y *social*, apelando a la connotación positiva que tienen, para lograr un símbolo revestido de sacralidad. Y así ungieron el robo.

Un verso perverso esto de la *justicia social*, afirma Juan con mota de cerveza en la boca mientras comienza a terminar su noche borracho y con riesgo de vida en territorio zurdo hostil.

"… La probabilidad de que fracasemos en la lucha no debería disuadirnos del apoyo de una causa que creemos justa…"

_ Abraham Lincoln _

64

"…El gobierno es una enfermedad que se hace pasar por su propia cura…"

_ Robert LeFevre _

La enfermedad empieza cuando se establece en lo débil algún valor o cualidad que sólo existe en la mente subvertida. Lo enfermizo se expresa de mil y vacías formas, la sensiblería suma adeptos y likes en redes sociales, y veganos denuncian al gallo violador. Lo natural se somete a lo artificioso, lo vital se reprime, y es entonces que estamos al horno, fritos y con papas, afirma Juan casi a los gritos espabilando el humo del tabaco de la noche de pub. Pide otra cerveza y se las arregla para captar la atención de alguna señorita que flashea con la idea de la *justicia social* invertida. La *justicia social* posta, afirma cerveza en mano, la que reivindica lo viril, la abundancia, la *justicia social* a la que se refiere la parábola de los talentos, o porque se creen ustedes que en el nuevo testamento se dice que sólo será merecedor de recibir aquel que supo prosperar los dones, inquiere Juan con aire de teólogo, y después de un instante en que la sorpresa de los que escuchan cede lugar al roedor de la indignación, Juan no les da paz y brinda por los ricos, por los exitosos, por los que supieron ganar y ganaron, y todo termina en una trifulca de trompadas y botellazos por facho hijo de puta.

"El marxismo murió de marxismo. No creo que hayan existido nunca sociedades mejores que las occidentales..."
_ Karl Popper _

65

"...El dinero es un medio tan noble que no compite con las armas, ni pacta con la brutalidad. Nunca permitirá a un país sobrevivir como propiedad a medias o como botín compartido. Siempre que aparezcan elementos destructores entre los hombres, empezarán por destruir el dinero, porque éste es la protección del hombre y la base de una existencia moral. Tales elementos se apoderarán del oro, entregando a cambio un montón de papel falsificado. Con ello matarán todos los fines objetivos y situarán al hombre en las garras de un arbitrario promulgador de valores. El oro es un valor objetivo, un equivalente a la riqueza producida. El papel es una hipoteca sobre riqueza que no existe, reforzada por un arma apuntada contra aquellos de quienes se espera que la produzcan. El papel es un cheque cursado por saqueadores legales sobre una cuenta ajena: la virtud de las

víctimas. Vigilad la llegada del día en que dicha cuenta se agote… "

< *La Rebelión de Atlas* >
_ *Ayn Rand* _

Carolina se ríe y no le cree, No te creo nada Juan, nada de nada. Es que Juan le cuenta a Caro a modo de confidencia de la vez que se peleó con su musa. Me peleé y le exigí que se presente, que se materialice, que se haga carne, le grité, que le quiero ver la cara de una buena vez. Carolina lanza una carcajada y le dice que no le tome el pelo, No me boludees Juan, No te boludeo Caro, jamás lo haría, entonces Carolina aún entre risas le pregunta si es rubia o morocha su musa, A ver decime, delgada o rellenita, simpática o seria, y Juan le contesta que es más bien rubia,

Rubiecita y bien putita. Entonces Carolina le tira con un almohadón y le dice que se fue al carajo, Una musa trola, es lo último que te faltaba Juan, pero a Juan lo que le falta en ese momento es sexo con ella.

Carolina es sicóloga y se asusta cuando Juan, mientras hacen el amor, se escinde del placer y con mirada de loco le grita que la *justicia social* y la *redistribución de la riqueza* no son más que la malversación intelectual de un frondoso choreo. Y acaba en un orgasmo insólito en brazos de un tipo al que en ese momento cree un desequilibrado mental.

"…El sexo es el oficio y la religión del buscador… aun no sabiendo que es lo que se busca…"

_ Juan, mirándole la cola a una piba _

66

"La libertad no solo significa que el individuo tiene la oportunidad y el peso de la elección. También significa que debe soportar las consecuencias de sus actos. Libertad y responsabilidad son inseparables."

_ Friedrich Hayek _

El Presto, que por allí anda y los ve a Juan y a Caro en el bar, se acerca y se entrevera en la charla. Son apenas las cuatro de la madrugada y las nenas de Nueva Córdoba aún no sienten en sus cuerpos la hora biológica del sexo, comenta El Presto, Así que pedite unas cervezas más Juan y dejenmé que les diga algo. Convirtieron la pobreza en un bien de cambio. Me escuchan bien lo que les digo, lo pueden ver, les pregunta El Presto a Juan y a Caro mirándolos con ojos de panóptico, La pobreza hoy es un bien transable, como una mercadería. Hoy garpa ser pobre chicos, te dan planes sociales, te pagan por no hacer nada. Convirtieron la miseria en un incentivo y de eso no se vuelve, porque la gente ya no quiere trabajar y progresar, la gente quiere cobrar planes sociales y tomar mate y birra, termina diciendo el El Presto echado para atrás en la silla y resoplando fastidio.

"No es saludable estar bien adaptado a una sociedad profundamente enferma…"

_ *Jiddu Krishnamurti* _

67

"…La democracia es un abuso de la estadística. Y además no creo que tenga ningún valor. ¿Por qué suponer que la mayoría de la gente entiende de política? La verdad es que no entienden y se dejan embaucar por una secta de sinvergüenzas que por lo general son los políticos…"

_ Jorge Luis Borges _

El Zurdo ingresa al bar o a la peña o al habitáculo del centro de estudiantes como suelen entrar los zurdos, sacando pecho y mirando por arriba del horizonte. El Zurdo cree íntimamente que su presencia es esperada. Su sentido de autoimportancia es único, aunque no esté fundado en nada. El aura magnánima que lo envuelve es todo un misterio, nadie sabe a qué se debe. Por lo general de pelo largo recogido en una colita atrás, desgraña mechas que revelan canas y grasitud. Aunque para El Zurdo el pelo lo es casi todo, y en ese casi todo se le va buena parte del tiempo en acicates y cremas de enjuagues, no se sabe bien porqué, pero el pelo del Zurdo siempre luce graso. Las cejas abundantes ajustan el entrecejo en una mirada acusadora, que busca siempre el motivo de la injusticia alevosa de la vida que fluye en días que deberían ser noches y mercaderías que deberían ser regalos y negocios que deberían ser arte colectivo. No hay paz en El Zurdo, porque no hay paz en la injusticia que es todo.

"… Los expertos han calculado que todos los electrones que componen los datos en Internet, sólo pesan alrededor de cincuenta gramos. Esto significa que

Internet pesa lo mismo que un testículo de profesor de matemáticas, un hecho increíble por un lado pero que ratifica la inconmensurable valía de la universidad pública..."

< Magazine "Curiosidades de Reojo">
*_Los que Viven del Estado Cementerio Club_*

68

"La casa De la Sota - Schiaretti se proyectó con la idea "El Estado soy Yo", menciona el arquitecto Carbonetti rascándose la calva. La obra se alza sobre una loma negra de Villa Cabrera con vistas hacia un mar de vecinos peronistas. Su interior es espacioso y la entrada es signada con una mano gigante de hormigón esgrimiendo la V corta. «Si existe la monumentalidad, este sería el caso», dijo el arquitecto Carlos Caserio. Ambos arquitectos posan frente a la fachada para la revista en cuyas páginas se describirá y enaltecerá el estilo brutalista de los profesionales. La nota termina con la fotografía del «Jardín de los dioses Vidal Bustos Fierro», como llamó el matrimonio De la Sota – Schiaretti a la parquización que rodea la mansión"

< Nota de revista Arquibiosis Pejotista >
*_Los que Viven del Estado Cementerio Club_*

Y ese instante de paz, que pueden ser cien años en el espiral de los tiempos, finalmente llegará. A muchos les costará verlo, y otros hasta incluso lo negarán. Por eso en Nueva Córdoba los tarados se iluminan y la poesía antigua de las esferas se manifiesta. Porque hay poesía en las crisis Juan. Poesía, épica y justicia. Y así será, le dice Juan a Juan, que a veces habla sólo.

"…Inexorablemente debe haber una primera causa para que se haga posible nuestra existencia. Algunos le llaman Dios, otros Yahvéh, otros Alá, y otros simplemente La Primera Causa…"

_ Alberto Benegas Lynch _

69

"Toma 1: En una cueva de los Terrones de Ongamira, el nieto de Bercovich Rodríguez controla un asado mientras Calvo, Passerini, Llaryora y algunos más, debaten sobre la eternidad o la finitud de las segundas líneas. La cámara se acerca y enfoca la espalda de un hombre canoso y con sobretodo negro de cuero tipo Morpheus que parece ser el centro de atención de los comensales y a quién van dirigidos los planteos, en una mezcla de voces sobre el fondo del plañidero lamento de La Llorona de Villa Ruitort. La escena gana en suspenso y encuentra su punto culminante cuando el canoso de espaldas estalla en una carcajada macabra. Luego los títulos de crédito..."

< Nota en «El Cinéfilo hasta el Surmenage» - ed. Enero 2020 >

*_Los que Viven del Estado Cementerio Club_*

L as ganas de cambiar el mundo y de hacerlo mejor, es de los jóvenes. De ellos es la revolución. Pero hoy la mayor parte de la juventud vive en la pobreza, tiene problemas con las drogas, y la educación que recibieron es una tragedia, tal cual el diseño de *Los que Viven del Estado Cementerio Club*.

Por eso Nueva Córdoba será con los jóvenes, pidiéndoles perdón.

"...No existe conflicto ni necesidad de sacrificio, siempre y cuando el hombre comprenda que la realidad es un absoluto que no puede disimularse, que la mentira no sirve de nada, que lo que no se gana no puede ser disfrutado, que lo que no se merece no puede ser dado a otro, y que la

destrucción de un valor existente no conferirá valor a aquello que no lo posee…"

< La Rebelión de Atlas >
_ Ayn Rand _

70

"…Liberales que crean en la vida desde la concepción, Conservadores que crean que la tradición tiene que estar al servicio del progreso, y Nacionalistas que no confundan el amor a la patria con el amor al Estado…"

_ Nicolás Márquez _

El *Homo Liber* nacerá de la *Libertad* y la *Tradición*, y será concebido en amor *Argemto*. Juan lo explica con simbolos que dibuja con fibrón negro sobre un afiche amarillo. El centro de la *Tradición* es el corazón. El centro de la *Libertad* es un aura, y está en todo. Al final, Juan profiere extrañas palabras y enigmas de lunes.

"...El nacimiento de algo nuevo se da cuando hay suficiente energía o masa crítica. La gente dirá que nota un «algo» que está por ahí, latente... El proceso nunca es lógico, ni se parece a lo que los ideólogos anticipan. Lo que se manifiesta siempre es distinto a lo esperado, y si el proceso cuenta con las condiciones de consciencia adecuadas, será mucho más grande que cualquier expectativa. Para que esto ocurra, hace falta un requisito: el ejercicio permanente de hacer a un lado los egos de quienes forman parte del proceso..."

_ Juan en mateada de Fundación LiberAR _

71

"...El yoísmo al pedo de este tiempo impresiona casi tanto como su nivel de imbecilidad..."

_ *Macedonio Fernández* _

El chabón se tiró del octavo piso del edificio en obra en el que trabaja como albañil para simular un accidente laboral. Cayó en una explanada de hormigón en la que revotó un metro del suelo para quedar hecho un saco de piel lleno de huesos rotos. Entre dientes y sangre que escupe, El Chabón sonríe, porque logró lo que buscaba. No trabajará nunca más. Vivirá de una pensión por invalidez el resto de su vida.

El Chabón alardea a quien quiera escucharlo que está feliz, porque puede vivir sin trabajar, más allá de las incomodidades de la parálisis que lo postrará de por vida. Con el paso del tiempo se hace notoria en él una sombra profunda. Un llanto pródigo lo asalta sin aviso, cada vez con más asiduidad. Espía los días depositado como despojo en su silla de ruedas, a veces en la vereda, o al lado de la estufa en invierno, pero siempre sin dejar de ostentar una sonrisa calcárea. Termina sus días oliéndose los flatos mientras mira fútbol por televisión y toma birra, o compartiendo porno y audios de chistes por whatsapp. Muere con su sonrisa invariable estampada en el rigor mortis de su rostro.

"… El tigre y el león pueden ser más pija… pero el lobo no labura en el circo…"

< Reflexión en plenario del SUOEM –
Gringo Danielle >

_ Los que Viven del Estado Cementerio Club _

72

"El filósofo como gobernante es el único que conoce la verdadera ruta a seguir por su pueblo, y está en condiciones de superar las dificultades y las crisis porque tiene en sus manos la más alta educación posible, inspirada en el modelo ideal del mundo de las Formas Eternas"

_ Platón _

Se le llama política a muchas cosas. Se le llama política a un sindicalista mafioso que se come *«las eses»* cuando reivindica *«la lucha de losotro lo trabajadore»*. También se le llama política al mundillo pestilente de pseudos intelectuales que viven del Estado y que no saben hacer otra cosa más que eso, vivir del Estado.

Se le llama política a muchas cosas que se arrastran por ahí.

Pero Política con mayúscula es en verdad un arte elevado, oficiado por individuos de la más alta valía, que viven de acuerdo a los valores perennes.

"…Me cebé un mate amargo para desafiar el orden establecido y combatir a quienes concentran la riqueza y se roban los sueños de la gente…"

< Ofelia Fernández en el País de las Maravillas >

*_Los que Viven del Estado Cementerio Club_*

73

"…No existe ninguna justicia si a cada uno no le está permitido poseer lo suyo…"

_ Marco Tulio Cicerón _

Vos leíste alguna vez un libro más errado que «El Capital» o «El Manifiesto» le pregunta Juan a Milei, No, la verdad que no.

Ni tampoco recuerdo un contrapunto filosófico sobre la ciencia económica tan claramente dirimido como lo fue el que encarnaron John Maynard Keynes y Friedrich Hayek allá por los años de la gran depresión. El dictamen del tiempo fue lapidario. La ortodoxia aplastó la falacia heterodoxa y, como no podía ser de otra manera, la libertad se encargó del resto, Qué poético Javier, Te parece Juan, Sí, me parece, como también me parece que los deberías invitar a tomar unos mates, a John Maynard y a Friedrich.

"Por dónde empezar el ajuste: ¿Quieren empezar por los más ricos? Ok. Empiecen por los sindicalistas, los jueces, los políticos y los contratistas del estado. ¿Quieren empezar por los más improductivos? Ok. Empiecen por los sindicalistas, los jueces, los políticos y los contratistas del estado. ¿Quieren empezar por los más corruptos? Ok. Empiecen por los sindicalistas, los jueces, los políticos y los contratistas del estado. ¿Quieren empezar por los responsables del desastre? Ok. Empiecen por los

sindicalistas, los jueces, los políticos y los contratistas del estado. Qué se yo! Tiro ideas nomás. Distintas opciones."

_ *Martín Carranza Torres* _

74

"El reconocimiento del individuo como juez supremo de sus fines, la creencia en que, en lo posible, sus propios fines deben gobernar sus acciones, es lo que constituye la esencia del Liberalismo."

_ *Friedrich August Von Hayek* _

No sé si poesía o ironía, argumenta John Maynard Keynes, Yo más bien diría que atestiguar a la gente en su cotidianeidad de consumo, comprando y vendiendo, midiendo precios y eligiendo, y hacerlo sin la corrección óptica del lente ideológíco, me resulta una catarsis expiatoria que sosega mi alma. Contemplar la esencia misma del deseo transándose libre, a carne y pelo, y percibir su tensión natural al punto de comprender que cualquier agregado alteraría la pureza de su satisfacción.

Y qué querés que te diga, se afloja Keynes después de chupar el mate y ofrendarle una mirada sincera a Hayek, En aquellos tiempos yo pensaba que la intervención sobre alguno de los elementos del sistema económico podía obrar alguna magia. Para serte sincero Friedrich, por aquel entonces yo estaba inmaduro, me apuré en ciertos enunciados y los políticos, siempre prestos a tomar lo que les conviene, compraron las ideas porque eran afines a su natural tendencia a la demagogia. Además ellos son fáciles devotos de las ilusiones. Yo desde entonces contemplo la vida y me desilusiono de cualquier agregado accesorio. Diez días antes de morir reconocí que me había equivocado. Acepté que el mercado asigna los recursos de la manera más eficiente, y que ninguna demanda agregada podrá hacer milagros nunca jamás. Te pido disculpas Friedrich, no me mires así Javier, cebame un mate Juan.

"… Perón es un gran argentino, que supo conquistar, a la gran masa del pueblo, combatiendo el Capital…"

< *Los Muchachos Peronistas* >
*_Los que Viven del Estado Cementerio Club_*

75

"Eso que Es, y Todo es en Él"

_ *Lotte* _

l *Individuo* en Dios no es un religioso, ni un místico, ni un asceta. El *Individuo* en Dios puede ser agnóstico. El *Individuo* en Dios tiene una elevada noción *Ética* y *Moral* de la vida.

"…El lenguaje político está diseñado para lograr que las mentiras parezcan verdades, que el asesino sea visto como respetable, y para dar apariencia de solidez al mero viento…"

_ *George Orwell* _

76

"… Si el Estado quiere gastar más dinero, sólo puede hacerlo endeudando tus ahorros o aumentando tus impuestos. No es correcto pensar que alguien lo pagará. Ese alguien eres tú. No hay «dinero público» solo hay dinero de los contribuyentes…"

_ Margaret Thatcher _

En Nueva Córdoba vórtices cuánticos conectan todo en una posibilidad que late y es ubicuo presente. Así, Milton Friedman se suma a la ronda de mates y se enreda en el convite histórico de una reflexión necesaria. En honor a la justeza austríaca y a la luz de chicago, expresa, Su legado histórico y su rigor intelectual, no podemos menos que dejar sentado como piedra basal a las generaciones presentes y futuras, el enunciado de la certeza absoluta de que la creación de riqueza es inherente al individuo, en la suma y potencia de su esfuerzo a otros esfuerzos, y en la cooperación creativa que conjuga dones y talentos. Tal es la ecuación de la riqueza.

"Hay sólo dos formas en que se puede organizar una economía. Una es por la libertad y la elección voluntaria: Es el camino del Mercado. La otra es por la fuerza y el dictado: El camino del Estado."

_ Murray Rothbard _

77

"… El aristócrata de espíritu es fácilmente reconocible. Su sino son los desafíos más allá de los límites. El esfuerzo es su razón…"

< La Rebelión de las Masas >
_ José Ortega y Gasset _

Nota de Juan, sólo, en su departamento, tomando un vino y fumando un pucho, mientras escucha la sonata Claros de Luna de Beethoven: «En algún momento llegará la aceptación del regenerativo y milagroso camino interno del *Esfuerzo*, ordenador de cosas que ni se sospechan, destructor de vicios y debilidades».

"Trabajadores chilenos. El año pasado, en esta misma fecha, los invité a mirar el trabajo cotidiano en la perspectiva grandiosa del acto en que el hombre imprime las huellas de su propia alma sobre la naturaleza, participando de esa manera en la creación continua del universo. Hoy quisiera invitarlos a una reflexión expresa sobre el lazo que une al trabajo con la libertad. Toda forma de trabajo es un ejercicio constante de la libertad humana. Mediante su trabajo creador, el hombre no sólo expresa y manifiesta su condición libre, sino que también acrecienta día a día la magnitud de su libertad. El hombre, trabajando más y mejor, se libera de la servidumbre de las ciegas fuerzas de la naturaleza, de la esclavitud geográfica, de las imposiciones del clima y del medio ambiente. El hombre, trabajando más y mejor, se libera también de las coacciones sociales y de las presiones políticas. En efecto, su capacidad creativa le permite erguirse con firmeza frente al posible atropello de un Estado totalitario, que para imponerse requiere una masa anónima de siervos

tan dóciles como carentes de educación laboral. Y con el producto de su mayor y mejor trabajo, el hombre conquista ese tanto de propiedad privada, de libertad económica, que es la base de su libertad social y política, pues le impide ser arrasado por un poder central absoluto: sólo el que nada tiene puede caer bajo el yugo de esas fuerzas impersonales e irrestrictas."

< Discurso en celebración del día del trabajo, 1° de Mayo de 1980 >

_ José Manuel Piñera, Ministro de Trabajo y Previsión Social de Chile _

78

"...El objeto de la educación es formar seres aptos para gobernarse a sí mismos y no para ser gobernados por los demás..."

_ Herbert Spencer _

L a política reproduce el falso ídolo, *El Estado*, porque es su negocio. *El Estado* es lo opuesto al *Individuo*, que en salud, no admite parásitos.

"...Julio Argentino Roca arrasó con algunas tolderías e hizo una gran país. Perón arrasó con un país e hizo una gran toldería..."

_ Dardo Gasparré _

79

"La primera condición para el establecimiento de la Paz Perpetua es la adopción general de los principios del capitalismo laissez-faire."

_ Ludwig Von Mises _

Para Ludwig Von Mises, que cómo es lógico, también se llega a la mateada, A la economía debe entendérsela como parte de una ciencia mayor, la *Praxeología*, que es la ciencia de la *Acción Humana*. El primer postulado de la *Praxeología* es que el hombre es un ser de racionalidad perfecta. Entiéndase por racionalidad perfecta a que no hay manera de que el ser humano no obre siempre con el fin de su bien propio o lo que él entienda como tal. Aún quitarse la vida sería una acción elegida y determinada por su propio bien, en términos del axioma planteado. La *Praxeología* centra su atención entonces en el *Individuo*, que, de esta forma, actúa sintetizando principios inmutables e incuestionables, basándose en su escala de valores, que combinados y entrelazados, expresa el cosmos de lo humano. La *Praxeología* es la ciencia que estudia, sistematiza y sintetiza este cosmos, y quién comprenda esta ciencia, jamás podría acercarse ni tomar en serio ninguna idea que tenga que ver con diseñar la sociedad, culmina Ludwig Von Mises mientras Juan lo escucha atento.

"Ningún argumento racional tendrá un efecto racional sobre una persona que no quiera adoptar una actitud racional"

_ Karl Popper _

80

"...Hay en el universo una fuerza inconmensurable, indescriptible, que los chamanes llaman «propósito», y absolutamente todo lo que existe en el cosmos está ligado al «propósito» por un vínculo de conexión..."

_ Carlos Castaneda _

Y así como la *Praxeología* entiende lo humano como un intrincado sistema de particularidades surgidas de los *Individuos* que determinan un cosmos vivo en permanente movimiento y cambio, así, Juan, comprende la existencia. Y se deja ir en esa amistad con lo diverso, para ser palabra o testigo.

"...Poder en el poder bifronte, en el tiempo del tiempo gris, patria naciente, sol naciente..."

_ Benjamín Solari Parravicini _

81

"…Me parece a veces que recorro lo ya sucedido…"

_ *Juan* _

Anuncio de amanecer. Primero la gran tormenta y luego el viento del sur, el cielo limpio. Las formas de la *epifanía* sólo son accesibles a la *visión* vieja. El *Hombre Gris* está escrito en las marcas de este tiempo. En Nueva Córdoba ya ocurre.

"…La Vuelta de los Liberales…"
_ *Nueva Córdoba, Epifanía de la Libertad* _

273

Dedicado a Carolina, a mis hijos José y Pedro, a mis padres, a mis hermanos, y a la hermandad que en este texto me acompaña en el ideal de Libertad.

Andrés Ceferino Peralta **(Cefer Andóm)**, *vive en Córdoba, Argentina. Arquitecto, pero su verdadero oficio es el de poner en palabras espacios conceptuales diferentes. Cofundador y miembro del órgano de gobierno del Partido Libertario Córdoba. Además es socio fundador de Fundación LiberAR.*

Su email es:
andresceferinoperalta@gmail.com

Si crees en el *Liberalismo*, en cualquiera de sus vertientes. Si la *Epifanía del Nuevo Tiempo* que anuncia **"La Vuelta de Los Liberales"** te resuena en alguna fibra íntima. Entonces te pido que dejes una valoración en el portal donde adquiriste este libro, para de esa forma hacerlo más visible, y que pueda llegar a muchos más amantes de la *Libertad*.